Pilgertipps & Packliste Jakobsweg

Was mit muss und was zu Hause bleiben kann.

Von S.Yates

Impressum

http://www.caminosantiago.eu/

ISBN-13: 978-1481053044

ISBN-10: 1481053043

Inhaltsverzeichnis

Danksagung

Das erste und größte Dankeschön gebührt natürlich allen Pilgern und allen Herbergseltern, denen ich im Laufe der Jahre über den Weg gelaufen bin. Ohne euch gäbe es dieses Buch nicht!

Ein herzlicher Dank an meine kanadische Hospitalera-Kollegin in vielen Herbergen des Weges, Daphne Hnatiuk – Nobody cleans bathrooms like you! Und ich bin ihr noch immer für jedes Mal dankbar, wenn sie freiwillig die Frühschicht übernommen hat ;-)

Ein besonderer Dank auch an die Herberge und die Bewohner von Grañón (La Rioja, Spanien) und seinem Pfarrer Don José Ignacio Díaz Pérez (nun in Logroño). Diese Herberge und die Menschen in Grañón, lehrten mich mehr, als jede andere was Pilgersein und Gastfreundschaft geben bedeutet.

Und das nächste Dankeschön geht an meinen Ehegatten und Mitpilger auf dem Jakobsweg, Ricky Yates, der während ich dieses Buch schrieb, mehr als seinen gerechten Anteil an der Hausarbeit übernahm und mir so zusätzliche Zeit zum Schreiben ermöglichte.

Über die Autorin

Sybille Yates hat nicht nur selbst 6000 Kilometer auf europäischen Pilgerwegen in Spanien, Frankreich und Italien zurückgelegt, sondern auch als Hospitalera Voluntaria (freiwillige Herbergsmutter) Pilger in mehr als zwanzig Herbergen betreut, an der Ausbildung und Fortbildung der Hospitaleros Voluntarios in Spanien mitgeholfen (Schwerpunkte: Erste Hilfe, Geschichte des

Jakobsweges und Spiritualität) und bei der Renovierung mehrerer Pilgerherbergen handkräftig mit angepackt. Sie hat auch bei den Pilgervorbereitungstagen mitgeholfen. Sie ist, zusammen mit ihrem Ehemann, Pfr. Ricky Yates, Mitglied der englischen Jakobsgesellschaft CSJ (Confraternity Saint James, Großbritannien).

Vorwort - Warum überhaupt dieses Buch?

Hunderttausende von Menschen machen sich jedes Jahr auf nach Spanien, um das Grab des Apostels Jakobus zu besuchen. Manche gehen nur ein Teilstück des Weges, manche den ganzen Weg. Aber circa ein Drittel dieser Menschen gibt während der ersten paar Tage auf und verbringt den Rest des Urlaubs am Strand. Oder sie fahren direkt wieder nach Hause. Warum? Der Grund ist, in den meisten Fällen, eine ungenügende Vorbereitung und viel zu viel Gepäck. Jedes Kilo mehr belastet den Rücken, die Gelenke und Füße und macht es wahrscheinlicher, dass schmerzhafte Gesundheitsprobleme auftreten, die leider oft zum Abbruch der Pilgerschaft führen. Aber auch ein Mangel an wichtigen Ausrüstungsgegenständen kann Problemen hervorrufen., zum Beispiel, wenn der Sonnenschutz vernachlässigt wird. In diesem Buch erkläre ich nicht nur was eingepackt werden sollte und was zu Hause bleiben kann, sondern auch wie der Rucksack gepackt werden muss, so dass er bequem zu tragen ist und nicht zur Last wird. Ich konzentriere mich dabei auf die Dinge, die man als Fußpilger auf dem spanischen Jakobsweg braucht, aber das unterliegende Prinzip kann auf jede andere Variante des Jakobsweges, eine andere Langstreckenwanderung, oder sogar auf eine Wochenendwanderung angewendet werden.

Ich selbst habe über 6000 Kilometer zu Fuß und mit allem, was ich brauchte auf dem Rücken, auf europäischen Pilgerwegen zurückgelegt und in über 20 Pilgerherbergen als 'Pilgermutter' (Hospitalera auf spanisch) geholfen. Man könnte also sagen, dass ich ein kleines bisschen Erfahrung habe wenn, es dazu kommt, den Pilgerrucksack zu packen --- und auszupacken ;-)

Und damit dieses Buch nicht zu trocken wird, habe ich es auch noch mit ein paar Pilger Anekdoten 'gewürzt'. Namen, Nationalitäten und Orte sind natürlich verändert worden, um die Privatsphäre der betroffenen Pilger zu schützen. Soll ja nicht jeder wissen, wer zu viel eingepackt hatte. Ein paar Beispiele zur Einstimmung ins Thema. Es fällt mir wirklich schwer zu sagen, welcher Pilger den ersten Preis in einem Wettbewerb, 'Wer-hat-am-meisten-mitgenommen?' Die Gewinner? Hier drei meiner liebsten Erinnerungen:

****Pilger-Anekdoten****

- *Die junge französische Pilgerin Jacqueline, die einen kleinen Gaskocher dabei hatte, um das Enthaarungswachs für ihre Beine zu erhitzen.*
- *Die, nicht ganz so junge, brasilianische Pilgerin Dolores, die sieben komplette Regenausrüstungen – bestehend aus Regenhose, Jacke und Poncho - dabei hatte, eine für jeden Tag der Woche und natürlich in sieben verschiedenen Farben!*
- *Die zwei jungen kanadischen Pilger, Pierre und Paul, die Geld sparen wollten und deshalb ihre Angelruten mitgebracht hatten, um auf dem Camino zu fischen.*

Schwer zu sagen, wer gewinnen würde!

***

Aber nicht nur Neupilger machen Fehler beim packen! Während meiner dritten Pilgerreise packte ich schon nach fünf Tagen mein erstes Paket, um Überflüssiges wieder nach Hause zu schicken ;-) Obwohl ich damals schon einige tausend Kilometer in vergangenen Jahren zurückgelegt hatte und hunderten von Pilgern geholfen hatte, ihren Rucksack 'auszumisten', hatte ich wieder zu viel mitgenommen ;-) Ich glaube das erste Mal, das ich nicht zu viel mitnahm, war für meine fünfte 'Pilgerschaft' … Und deshalb habe ich dieses Buch geschrieben – damit es für Sie von Anfang an klappt und damit Sie von meinen Fehlern lernen können. Dies ist das Buch, das ich gerne gelesen hätte, bevor ich zu meinem ersten Camino aufbrach und alles in den Rucksack packte, das ich vielleicht, unter Umständen, irgendwann mal brauchen könnte - und dann doch nie brauchte!

Allgemeine Pilgerinformation

Für wen ist dieses Buch geschrieben?

Dieses Buch richtet sich an die, statistisch größte, Gruppe der Jakobspilger - die traditionellen Pilger -, die ihr ganzes Gepäck selber tragen und den Weg zu Fuß laufen. Das heißt nicht, dass zum Beispiel 'Radpilger' nicht auch etwas lernen können. Aber dieses Buch geht wirklich nicht spezifisch auf ihre Bedürfnisse ein. Es richtet sich auch mehr an all jene, die den Jakobsweg zum ersten Mal gehen, als an die 'Wiederholungstäter', aber ich hoffe trotzdem, dass auch alte Pilgerhasen neue, und für sie nützliche Informationen, in diesem finden.

Dieses Buch ist in drei Teile gegliedert. Zuerst informiert es über die verschiedenen Aspekte des Pilgerlebens, dann über die einzelnen Ausrüstungsgegenstände, die alle und / oder manche Pilger brauchen. Damit möchte ich erreichen, dass nicht nur das 'Was' sondern auch das 'Warum' für den Leser verständlich wird. Ich habe nämlich noch nie einen Pilger getroffen, der wünschte, er hätte mehr mitgenommen, aber unzählige die wünschten, sie hätten weniger mitgenommen! Und im dritten Teil, dem Anhang, befinden sich Verlinkungen zu Dokumenten, die Sie herunterladen können, um sich Ihre ganz persönliche Jakobsweg-Packliste zu erstellen, als auch viele nützliche Adressen und Texte.

Ach ja, 'man, Pilger und Mann' meint natürlich auch zur selben Zeit 'frau, Pilgerin und Frau'! Wenn ich das jedes Mal ausschreiben würde, wäre es ein bisschen schwierig zu lesen ;-) Also, liebe Geschlechtsgenossinnen, bitte nicht böse sein, wenn ich mich nicht so 'politicaly correct' ausdrücke!

Camino, Camino de Santiago und Jakobsweg sind natürlich dasselbe, nur in anderen Sprachen. Ein paar andere spanische Wörter, die in diesem Buch vorkommen und die nicht unbedingt jeder kennt: Peregrino (Pilger), peregrina (Pilgerin), peregrinos (Pilger), hospitalera voluntaria (freiwillige Herbergsmutter / Herbergsbetreuerin), hospitalero (freiwilliger Herbergsvater / - betreuer) und hospitaleros voluntarios (freiwillige Herbergsbetreuer sowie der Name der entsprechenden Freiwilligen Organisation in Spanien).

Die zwei Hauptgründe, warum Pilger zu viel mitnehmen

Angst oder Unsicherheit, und das damit verbundene Marketing, sind die Hauptgründe, warum Pilger viel zu viel auf den Weg mitschleppen. Das schlimmste Argument, etwas mitzunehmen, ist immer 'für den Fall der Fälle'. Dieser tritt fast nie ein, aber die Last des zu viel Eingepackten dauert den ganzen Weg. Angst und Unsicherheit entstehen aber nicht nur aus Informationsmangel, oder falscher Information.

Und so kommen wir zum Marketing. Um etwas verkaufen zu können, muss zuerst ein Bedürfnis für das Produkt vorhanden sein, und wenn es nicht vorhanden ist, wird es eben künstlich geschaffen! Zwei gute Beispiele dafür sind Produkte zum Diebstahlsschutz (PacSafes®!) und zur Hundeabwehr. Der beste Diebstahlsschutz ist, so wenig Wertsachen wie möglich mitzunehmen (Schmuck und teuere Uhren also zu Hause lassen) und nichts unbeaufsichtigt zu lassen was, das Stehlen wert sein könnte.

Das heißt dann, alle Wertsachen, einschließlich Pass und Geldkarten!, immer am Körper tragen und zum Duschen in einer wasserdichten Tasche mitnehmen. PacSafes® sind übrigens diese Metallnetze, die zum Diebstahlsschutz über den Rucksack gezogen werden und die a) einem potentiellen Dieb signalisieren, dass besagter Rucksack Wertgegenstände enthält und b) den Rucksack unnötig schwerer machen. Nicht empfohlen!

Und die Hunde am Jakobsweg?

Wichtig: Unabhängig davon, was Shirley MacLaine, Paulo Cuelho und andere in ihren Romanen schreiben, Hunde, die Pilger beißen oder angreifen, sind die absolute Ausnahme auf dem Jakobsweg, nicht die Regel!

Hunde am Jakobsweg fallen zum überwiegenden Anteil in die Kategorie 'Dorf- und Arbeitshunde' und lassen einen in Ruhe, wenn man sie auch in Ruhe lässt. Statt sich mit Pfefferspray, Trillerpfeifen und / oder Ultraschallgeräten zu bewaffnen, hier eine einfache, kostenlose und nichts wiegende Methode: Mit der Zunge schnalzen! In Spanien ist das ein Zeichen für Hunde, wegzugehen, nicht zum Herkommen wie in Deutschland. Hunde, die mit Schafherden unterwegs sind, beschützen diese gegen Diebstahl und Raubtiere, aber auch gegen fremde Menschen. Also bitte: Um die niedlichen Wattewolken einen großen Bogen machen. Ein Wort zur Vorsicht, wenn es zum Pfefferspray oder Ähnlichem kommt, bitte bedenken, das, wenn der Wind aus der falschen Richtung weht, Sie sich leicht selbst attackieren könnten!

Für den seltenen Fall, dass einem mal doch ein unfreundlicher Hund zu Nahe kommt:

- Nicht rennen! - Kann Jagdinstinkt auslösen!
- Nicht mit dem (Wander-) Stock herumfuchteln, oder Steine schmeißen! - Dies macht Hunde nur aggressiver!
- Hund nicht in die Augen starren! - Gilt unter Hunden als Angriffssignal!

Stattdessen:

- Sich umschauen, ob der Hundebesitzer zu sehen ist und seine Aufmerksamkeit erregen.- Meistens ist der Hund gar nicht auf Angriff eingestellt, es sieht für den Laien nur so aus.
- Wenn man sich auf dem Territorium des Hundes oder in der Nähe der Herde, die er bewacht, befindet, langsam sich von diesem entfernen, aber dem Hund nicht den Rücken zudrehen.
- Wanderstab, wenn vorhanden, ruhig vor den Körper halten, langsam weiterlaufen und, um die eigene Angst zu bekämpfen, singen oder summen, am bestem mit tiefer Stimme ;-)
- Hunde lassen sich auch leicht mit etwas zu fr(essen) ablenken, einfach in die Gegenrichtung zu der, in die man laufen möchte, werfen. Aufpassen, dass die Bewegung nicht bedrohlich wirkt, von unten werfen und nicht die Hände hoch heben. Allerdings besteht hier die Gefahr, dass sich der Hund so sehr über die Lebensmittelspende freut, dass er plötzlich ganz lieb und anhänglich wird und nach Santiago mitpilgern möchte ;-)

Wer sich jetzt immer noch ganz fürchterlich vor den Fellnasen fürchtet, sollte seine Hundeangst besser schon vorher zu Hause bekämpfen. Es muss ja nicht gleich der Psychologe ran, auch viele Hundevereine und einige Volkshochschulen bieten heute Kurse an, die helfen, die Angst vor dem Hund zu verringern und mehr über das Verhalten des Hundes zu lernen. Wenn Sie einschätzen können, ob ein Hund wirklich angriffslustig, oder einfach nur neugierig ist, ist schon die halbe Angst verflogen!

Nachdem wir das alles aus dem Weg haben, hier eine kurze Einführung ins pilgern und was dazu gehört.

Typischer Pilgeralltag

Viele Tips in diesem Buch werden klar wie Kloßbrühe, wenn Sie wissen, wie ein typischer Tag im Leben eines Pilgers aussieht:

Lange bevor die Sonne aufgeht, hört man schon das Rascheln der Plastiktüten. Die Taschenlampen blitzen durch die Dunkelheit. Sobald es klar ist, oder wenigstens vermutet wird, dass mindestens die Hälfte der Pilger wach ist (was bleibt denen auch anderes übrig?), wird das große Licht im Schlafraum angeschaltet. Gesicht waschen, Zähne putzen, wenn möglich sich einen Tee oder Kaffee machen oder aus der Verkaufsmaschine holen, Rucksack fertig packen und ab geht's auf die nächste Etappe. In einem der nächsten Dörfer wird dann entweder zum Frühstück angehalten und / oder die Zutaten für die Brotzeit in einem Geschäft gekauft. Mittags isst man entweder am Wegesrand, oder in einem der zahlreichen Bars und Restaurants am Wege. Schnell geht es weiter, vor allem in der heißen Jahreszeit, um die Mittagshitze zu vermeiden. Am frühen Nachmittag, so nach durchschnittlich 25 Kilometern, kommt man dann in der nächsten Pilgerherberge an. Bett aussuchen, Pilger und Kleider waschen, Küche, wenn vorhanden, auf Ausstattung überprüfen und dann entsprechend einkaufen gehen. Die Ortschaft erkunden, einkaufen, eventuell zur Kirche und essen gehen, oder in die Pilgerherberge zurück und selber kochen. Schwätzchen mit anderen Pilgern, vielleicht gemeinsam essen, trinken und abwaschen, Wäsche abhängen, Tagebuch schreiben, nächste Etappe vorplanen und Rucksack soweit wie möglich vor-packen und ab ins Bett. Hoffentlich schlafen können und beten, dass sich kein Schnarchweltmeister im Raum befindet.

Und am nächsten Morgen geht das Ganze wieder von vorne los. Auf dem Camino ist der Pilger aufs Wesentliche konzentriert: Laufen, trinken, essen, waschen, schlafen. Und genau das sollte man im Auge behalten, wenn es ums Packen geht, es geht ums Wesentliche, Luxus ist viel zu schwer.

Pilgertypen / Spezien

Nein, es geht hier nicht um die Frage, wer ein echter Pilger ist und wer nicht, hier geht es darum zu erklären, welche unterschiedlichen Pilgertypen und Pilgerweisen es gibt und wie sich das auf das Rucksack-, oder besser gesagt, Gepäck-Packen auswirkt.

Standardpilger

Der 'Standardpilger', auch 'traditioneller Fußpilger' genannt, ist die häufigste Pilgerspezies auf dem Jakobsweg, ein Rucksack tragender Pilger, der alleine oder in einer kleinen Gruppe von Freunden den spanischen Hauptweg läuft, den Camino Francés. Manche Standardpilger fangen auch schon in Frankreich an, aber was alle gemeinsam haben ist, dass sie ein paar Wochen unterwegs sind und ihr ganzes Gepäck selber tragen. Da diese Pilger statistisch gesehen die Hauptgruppe bilden, bilden sie auch die Grundlage für dieses Buch. Aber in jedem Abschnitt wird auch auf die Besonderheiten der anderen Pilgertypen eingegangen - dort wo es relevant ist.

Nebenstreckenpilger

Ein Nebenstreckenpilger ist jener, der den Massen auf dem Hauptweg (Camino Francés), vor allen während der Hauptsaison, entgehen will und einen der weniger begangenen Jakobswege auswählt. Für diese ist ein guter Reiseführer und manchmal sogar Karten besonders wichtig, da die Infrastruktur auf diesen Nebenwegen weniger gut ausgebaut ist und manchmal lange Strecken ohne Verpflegungsmöglichkeiten und / oder Geschäfte gelaufen werden. Auch Bankautomaten sind spärlicher vorhanden. Der richtige Reiseführer warnt vor solchen Dingen. Und natürlich kann auf einigen dieser Wege das Wetter viel harscher sein, als auf dem Hauptweg. Wer zum Beispiel (nicht empfohlen!) es sich in den Kopf setzt, die Via de la Plata im Sommer vom Süden Spaniens hoch nach Norden zu pilgern, muss in der Lage sein, mehr Wasser zu transportieren und braucht einen viel stärkeren Sonnenschutz. Wer dagegen im Winter den Nordweg, Camino del Norte, laufen will muss mit sehr kalten Wetter, Schnee und Eis, und einigen geschlossenen Herbergen rechnen.

Langstreckenpilger

Auch meistens zu Fuß unterwegs, aber für Monate, nicht nur Wochen. Dieser Pilger läuft typischer weise von zu Hause los und manchmal sogar auch nach Hause zurück! Ich selber habe in Spanien einen Pilger getroffen, der in der Mitte Finnlands losgelaufen war, und einen anderen, der von

Jerusalem mit dem Fahrrad angeradelt kam! Die Ausrüstung für Langstreckenpilger ist im Prinzip dieselbe wie für Pilger, die 'nur' ein paar hundert Kilometer unterwegs sind, aber da diese Pilger oft über mehrere Jahreszeiten und in Gebieten mit weniger, pilgertypischer, Infrastruktur unterwegs sind, kann es sinnvoll sein, etwas mehr mitzunehmen (siehe einzelne Ausrüstungsgruppen) und / oder Sachen voraus- oder nach Haus zu schicken.

Luxuspilger

Der Luxuspilger kommt in zwei Ausführungen vor: mit viel Geld und / oder mit Begleitfahrzeug. Typischerweise heißt das, dass dieser Pilger im Hotel übernachtet und deshalb zum Beispiel keinen Schlafsack braucht. Und wenn das Begleitfahrzeug das schwere Gepäck von Ort zu Ort transportiert, heißt das auch, dass der Pilger nur einen kleinen Tagesrucksack selber tragen muss, der aber trotzdem alles Lebensnotwendige, wie Wasser, Tagesration und Sonnenschutz, enthalten muss.

Radpilger

Kann ja auch gleichzeitig einer der anderen, oben erwähnten Gruppen angehören, der Hauptunterschied ist, dass er nicht läuft, sondern radelt ;-)

Welcher Weg und wann?

Abgesehen von der Dauer und dem gewählten Transportmittel (eigene Füße, Räder, Hufe), ist es auch wichtig, sich darüber zu informieren, wie die einzelnen Pilgerwege beschaffen sind und wie das Wetter in der gewählten Reisezeit, wahrscheinlich, ist. Da die meisten Pilger in Spanien loslaufen und den Hauptweg, Camino Francés, wählen, hier eine Zusammenfassung desselben und ein paar Gedanken zu den anderen, vorhandenen Pilgerwegen.

Bedenken Sie auch, dass der eigentliche Anfang ihres Jakobsweges sich vor Ihrer eigenen Haustür befindet, alle anderen Startpunkte sind ein Kompromiss, den die meisten leider aus Zeit- und Geldmangel eingehen müssen.

Camino Francés

Dieser Weg ist der, an den die meisten denken, wenn sie 'Jakobsweg' hören. Er verläuft erst durch Frankreich und der spanische Teil fängt in den Pyrenäen an und gliedert sich folgendermaßen:

Die drei französischen Wege die von Le Puy, Vezelay und Paris kommen, vereinigen sich in Ostabat und führen dann, navarresischer Weg genannt, über St. Jean-Pied-de-Port, über die Pyrenäen, während der Weg von Arles im Süd-Osten Frankreichs über den Somportpass läuft und dann aragonesischer Weg heißt. Diese beiden Wege vereinigen sich dann in Puente la Reina zum Camino Francés, den Jakobsweg, den die meisten kennen. All das heißt natürlich, dass einige Bergpässe zu überwinden sind. Die höchste Stelle auf dem Navarra Weg ist der Ibaneta Pass mit 1053m und auf dem Aragon Weg der Puerto de Somport mit 1640m. Auf dem Weg gibt es dann noch mehr Berge zu überwinden und Hochebenen zu überqueren. Man könnte den Camino Francés also als Höhenwanderweg mit einigen steileren Etappen bezeichnen. Man braucht aber keine

Bergausrüstung, um ihn zu gehen, sollte aber durchschnittlich fit und gesund sein, oder wenigstens seine Gesundheitsprobleme gut im Griff haben. Im allgemeinen kann gesagt werden, dass der Camino Francés derjenige der Jakobswege ist, der die beste 'Pilgerinfrastruktur' hat (Wegmarkierungen, Pilgerherbergen usw.) und deshalb für Erstpilger am empfehlenswertesten ist. Sein Wetter kann folgendermaßen beschrieben werden:

Schnee und Frost kann es in den Bergen noch bis in den Mai hinein und von Ende September an geben und im eigentlichen Winter ist von einer Überquerung der Pyrenäen strikt abzuraten. Es hat da schon Todesfälle gegeben! Im Sommer ist es dagegen, vor allem im Mittelteil des Weges von Burgos nach Léon, sehr heiß und man muss deshalb auch größere Wassermengen mit schleppen. Und in Galicien kann es praktisch während jeder Jahreszeit regnen, und tut es oft auch!

Und hier die durchschnittlichen Höchst- und Tiefsttemperaturen für einige Orte auf dem Camino Francés. Bitte bedenken Sie aber, das es sich um Durchschnittstemperaturen handelt, es kann also viel kälter und / oder wärmer seien, wenn Sie selbst unterwegs sind.

Januar: Roncesvalles (0C/8C), León (-1C/7C) und Santiago (2C/10C)

April: Roncesvalles (5C/16C), León (3C/14C) und Santiago (4C/15C)

Juli: Roncesvalles (15C/26C), León (12C/27C) und Santiago (12C/23C)

Oktober: Roncesvalles (8C/18C), León (6C/16C) und Santiago (7C/18C)

Wer im Winter pilgern will, sollte bedenken, dass einige Herbergen geschlossen sind und nicht alle die offen sind, über Zentralheizung, oder überhaupt über eine Heizung!, verfügen! Auf der anderen Seite ist der Weg im Winter so viel ruhiger und authentischer und die Menschen am Weg haben mehr Zeit und Lust mit den Pilgern ein Schwätzchen zu halten. Selbst wenn sie keine Fremdsprachen können, und die Pilger kein spanisch!

Zusammengefasst kann man sagen, dass das Wetter am besten in den Monaten April, Mai, Juni, September und Oktober ist, dass Juli / August zu heiß und zu überlaufen sind und dass die Pilgererfahrung im Winter (November bis Februar) zwar ursprünglicher, aber auch härter ist, und Ausrüstung und Pilger mehr beansprucht.

Via de la Plata

Der Weg von Sevilla nach Santiago ist vielleicht der am zweitbesten ausgebaute, aber im Sommer wird es hier extrem heiß, die Strecken zwischen den einzelnen Herbergen können sehr lang sein und Wasser kann im Sommer auch ein Problem sein. Außerdem ist zu bedenken, dass sehr wenige Menschen hier eine andere Sprache als spanisch sprechen. Wenn Sie nicht einigermaßen flüssig spanisch sprechen können, kann es hier sehr einsam und schwierig werden, da auch die meisten anderen Pilger, die Sie treffen werden, überwiegend Spanier sind.

Es ist auch wichtig, sich mit den Einheimischen verständigen zu können und Hinweisschilder lesen zu können (der Weg führt durch ein Gebiet, in dem Kampfstiere gezüchtet werden!) Andererseits fängt der Weg flacher an und Hügel, und später Berge, begegnen dem Pilger erst später. Im Hochsommer unbedingt vermeiden, besser für Pilger, die spanisch sprechen können und die die Einsamkeit lieben. Das Frühjahr ist hier besonders schön, während im Herbst die Landschaft doch schon sehr von der Sonne verbrannt und braun ist.

Camino del Norte

Der Nordweg ist sehr gebirgig und die Herbergen eher spärlich gesät. Der Winter ist strenger und länger, der Sommer ist kürzer und Regenfälle sind häufiger, als auf dem Hauptweg (Camino Francés), besonders in Galicien und Asturien.

Zusammenfassung Ideale Reisezeit & Spanische Feiertage

Für alle Wege gilt, dass Juli und August aus zwei Gründen vermieden werden sollten: Hitze und Pilgermassen. Am empfehlenswertesten sind daher Mai / Juni und September / Oktober auf allen Wegen. Bitte auch beachten, dass auf dem Nordweg der Winter länger dauert und früher anfängt und es auf der Via de Plata auch im Frühjahr und Herbst sehr heiß sein kann.

****Pilger Anekdote****

Es war mein erster Winter als Hospitalera auf dem Camino und Anfang Dezember erwartete ich wirklich keine Pilgermassen mehr ;-) Deshalb machte ich mich auf den Weg ins Pfarrhaus um einige Fotokopien, die ich brauchte, zu machen. Wer Spanien kennt weiß, dass eben ein Spaziergang, der nur 10 Minuten dauern sollte. manchmal länger wird. Man trifft die Nachbarn und wenn man nicht mit jedem ein kleines Schwätzchen hält, sind sie leicht beleidigt. Als ich nach zwei Stunden wieder in der Herberge ankam, stapelten sich da die Pilger! Was war passiert? Día de la Immaculada! Es war der katholische Feiertag der Unbefleckten Empfängnis ;-)

***

Viele Spanier versuchen, den Camino in kurzen Etappen zu laufen, jedes Wochenende und jede Ferien ein Stückchen weiter nach Santiago. Und wenn ein Feiertag auf einen Wochentag fällt, machen Sie gerne eine Puente (Brücke) – dass, was wir als ein langes Wochenende bezeichnen. Hier eine Liste der entsprechenden spanischen Feiertage in der **Nebensaison**, so dass Sie nicht überrascht sind, wenn Sie plötzlich in der ruhigen Nebensaison viele neue Mitpilger treffen und die Herbergen überfüllt erscheinen!

- Weihnachten, Erster Januar (Neujahr) und Sechster Januar (Heilige Drei Könige)– Manche Pilger nutzen die Weihnachts- und Neujahrsfeiertage, um wieder ein Stück weiter zu pilgern.
- Erster Mai – Tag der Arbeit
- 12ter Oktober – Nationalfeiertag
- Erster November – Allerheiligen
- 6ster Dezember – Verfassungstag
- 8ter Dezember – Unbefleckte Empfängnis

Die eigentliche Pilgerhochsaison fängt dann mit der Karwoche an und dauert bis Mitte / Ende Oktober, während dieser fallen die Feiertage weniger ins Gewicht, da eh

Hochbetrieb herrscht ;-)

Wer vor, oder in Pamplona los läuft, sollte unbedingt vermeiden, die Stadt zwischen dem 6ten und 14ten Juli, einschließlich, zu durchqueren. Dann werden dort nämlich die 'Sanfermines', die Ernest Hemingway in seinem Roman 'Fiesta' unsterblich gemacht hat, gefeiert. Nicht nur sind dann die Straßen voll mit feiernden Menschen, und manchmal auch mit rennenden Stieren, auch die Hotels sind ausgebucht (zu teuren Preisen!) und die Pilgerherbergen in und um Pamplona sind geschlossen.

Anreisetag oder Start der Pilgerschaft

Die meisten Pilger laufen am Wochenende los, und so kommt es zu 'Pilgerwellen', vor allem im Sommer. Wenn sie diese vermeiden möchten, machen Sie das genau umgekehrt und versuchen Sie, die folgenden Orte (typische Anfangsorte) an einem Wochentag / in der Mitte der Woche zu erreichen: Saint Jean Pied de Port, Roncesvalles, Pamplona, Logroño, Burgos, Léon, Astorga, Ponferrada, O Cebreiro und Sarría. Wer so gegen den Strom schwimmt, kann einen ruhigeren Jakobsweg erleben, als jemand, der mit der Masse läuft – und das sogar in der selben Jahreszeit! Außerdem sollte man auch die 'klassischen Etappen' kennen, die von vielen Jakobswegführern propagiert werden und die viele Pilger automatisch in den selben Refugios / Orten enden lassen. Auch hier gilt wer gegen den Strom schwimmt, hat es oft leichter!

Diese typischen Etappen des Camino Francés sollten Sie versuchen zu vermeiden und lieber, wenn möglich, zwischen den Etappen laufen:

Roncesvalles > Larrasoaña > Pamplona > Puente la Reina > Estella > Los Arcos > Logroño > Najéra > Santo Domingo de la Calzada > Belorado > San Juan de Ortega > Burgos > Hontanas > Castrojeriz > Fromista > Carrion de los Condes > Terradillos de los Templarios > Sahagun > Reliegos > Léon > Hospital de Orbigo > Astorga > Rabanal del Camino > Ponferrada > Villafranca del Bierzo > O Cebreiro > Triacastela > Sarria > Portomarin > Palas del Rei > Arzua > Monte de Gozo > Santiago de Compostela

Zwischen jedem dieser Dörfer und Städte der 'klassischen Etappen' liegen unzählige andere, die Pilger willkommen heißen und die im Allgemeinen weniger überlaufen sind!

Anfang des Jakobsweges und die verfügbare Zeit

Wie viel Urlaub man hat, wo man los läuft und wo man ankommen will, beeinflusst natürlich auch die Planung. Über den Daumen gepeilt sollte man nicht mehr als 20km pro Pilgertag, ohne Ruhetage einzurechnen, veranschlagen. Das heißt dann, dass jemand, der 22 volle Tage auf dem Weg sein wird und in Santiago ankommen will, 440 km vor Santiago starten sollte: in Burgos. Wer dagegen nur 10 volle Tage zur Verfügung hat, sollte in Ponferrada starten usw. Und läuft man schneller, genießt man eben einen Ruhetag, oder Santiago ein bisschen länger! Zeitdruck sollte auf jeden Fall vermieden werden, er ist der Tod der Pilgererfahrung und extra Ruhetage sind oft nötig, wenn Blasen oder Bänder Beschwerden machen und das weitere Pilgern verhindern. Deshalb die 20 Durchschnittskilometer pro Tag, die genug Spielraum für Ruhepausen lassen zur Planung, obwohl die Durchschnittsetappe eines Pilgers, aber ohne Ruhetage, eher um die 25 Kilometer liegt.

Ein Wort zur Warnung: Viele Pilger bekommen den „Pilgervirus“ und laufen, nach dem sie in Santiago nach einer kürzeren Pilgerschaft angekommen sind, die anderen, vorherigen, Etappen des Weges. Es macht mehr Sinn, früher auf dem Weg anzufangen und sich langsam, Urlaub für Urlaub, vorzuarbeiten, statt erst das 'Highlight' des Caminos zu genießen (die Ankunft in Santiago) und dann die eigentliche Arbeit (den langen Weg) zu absolvieren.

****Pilger-Anekdote****

Eine gute Inspiration könnte jener österreichische Pfarrer sein, den ich auf dem Weg in Galicien getroffen habe. Er war von zu Hause los gelaufen, immer in Teiletappen und nur während seines Urlaubs, bis er in Santiago ankam – nach 12 Jahren! Als ich ihn in Spanien traf, war er schon auf dem Rückweg in die Schweiz und erzählte mir fröhlich, dass er diesen schneller absolvieren werde – da er ja jetzt berentet sei ;-)

***

Ja, der Weg ist das Ziel, aber das Ziel des Weges ist es, in Santiago an zu kommen. Wer erst am Ziel ankommt und dann den Weg geht, vermisst meiner Meinung nach etwas.

Technologie und ein tausend Jahre alter Pilgerweg

Ein modernes Handy kann ja schon ganz nützlich sein und, fast, einen Computer und die digitale Kamera ersetzen. Aber gehören diese und andere Dinge auf den Camino, oder stören Sie mehr als Sie helfen? Braucht man sie wirklich? Beide Standpunkte haben ihre Vor- und Nachteile. Der einzige, der hier eine Entscheidung treffen kann, sind Sie selbst. Hier meine Gedanken zum Thema:

Moderne Handys sind wie Werkzeuge, sie können entweder nützlich, oder gefährlich sein. Der Jakobsweg bietet dem Pilger eine einzigartige Möglichkeit, los zu lassen, sich auf das Wesentliche zu besinnen und die moderne Welt von außen zu betrachten, seine eigene Einstellung zu vielen dieser modernen Errungenschaften zu überdenken. Wer internet-süchtig ist, seinen Facebook-Status stündlich 'updated', jede seiner Bewegungen tweeted und im allgemeinen mehr im Internet als in der Wirklichkeit zu Hause ist, sollte sich vielleicht überlegen, den Jakobsweg als diesbezügliche Entziehungskur zu betrachten ;-)

Auf der anderen Seite kann ein modernes Handy viele andere Ausrüstungsgegenstände, wie zum Beispiel eine Kamera, ersetzen. Bücher können hoch geladen werden, Karten, Übersetzungshilfen, Sprachbücher und Lexika und sogar die Bibel können leicht, und ohne Mehrgewicht zu bedeuten, mitgenommen werden. Und natürlich dient es auch als Telefon im Notfall und / oder um den Lieben zu Hause zu versichern, dass man noch nicht von den wilden Hunden gefressen wurde.

Wer in der Nebensaison und / oder auf den weniger begangenen Wegen unterwegs ist, sollte schon wenigstens ein einfaches Handy dabei haben um a) sich Herbergen aufschließen zu lassen (die hospitaleros warten nicht unbedingt immer in der Herberge auf die wenigen Pilger) und b) als 'Notrufgerät', falls man sich doch mal auf dem Weg den Knöchel verstaucht und nicht weiter kann.

Wer unbedingt in Verbindung bleiben muss, zum Beispiel wenn es zu Hause echte Notfälle geben könnte, die eine Rückreise erforderlich machen würden, sollte sich überlegen, ein ganz einfaches Handy mitzunehmen, das außer Texten und Anrufen nichts weiter kann. Wer völlig auf Entziehungskur gehen will, lässt all dies ganz zu Hause, und wer weiß, dass es ihn nicht ablenken wird, kann Gewicht (Bücher!) sparen und es mitnehmen, um andere Ausrüstungsgegenstände zu ersetzen.

In Verbindung bleiben

Bezüglich der Kosten und der Vor- und Nachteile einer örtlichen 'Prepaid' Karte, die man in Spanien kaufen kann, oder der Benutzung des Handy-Vertrages / der Prepaid-Karte, die man auch zu Hause hat, streiten sich die Gelehrten und Pilger!

Fragen sie vor dem Losgehen unbedingt nach, wie viel eine Minute / SMS von / nach Spanien kostet und vergessen Sie nicht, dass Anrufe aus dem nicht-spanischen Ausland Ihnen auch Geld kosten (international roaming) verursachen. Ob Sie einfach das Handy wie zu Hause benutzen, oder sich eine spanische SIM-Karte kaufen, hängt auch davon ab, wie oft und wie viel Sie wohin telefonieren oder texten.

Wer seine Lebenszeichen nur mit Texten nach Hause schickt,

für den lohnt es sich nicht, sich eine spanische SIM-Karte zu kaufen. Wer viel zu Hause anruft, lange spricht und keine Anrufe von zu Hause bekommt, für den kann eine spanische SIM-Karte schon langfristig billiger sein. Und alle anderen liegen dann wie immer irgendwo dazwischen. SIM-Karten kann man in Spanien übrigens an fast jeder Hausecke, oder wenigstens in jedem Elektronikgeschäft und manchmal auch in Flughäfen und Bahnhöfen kaufen. Ach ja, wer das liebe Handy und vielleicht noch andere, elektronische Geräte mitnehmen will, sollte nicht vergessen, dass die dazugehörigen Ladegeräte auch etwas wiegen! Dann lohnt sich vielleicht doch, die Anschaffung eines einzigen Universal-Ladegerätes für alle mitgenommenen Geräte!

Eine andere interessante Möglichkeit, an Telefonkosten zu sparen, sind VOIP-Dienste wie Skype. Überprüfen Sie, ob ihr Handy Skype-tauglich ist! Falls Sie, aus welchen Gründen auch immer, ein iPad, oder einen Netbook-Komputer mit auf den Weg nehmen, sollten Sie auch das, natürlich kostenlos, Skype installieren! Wer nur ab und zu seine E-mail checken will, kann auch auf die vielen Internet-Cafés des Weges zurück greifen und braucht dafür keine Technologie mitzuschleppen.

Was auf jeden Fall zu Hause bleiben sollte, sind iPods und ähnliche Geräuschmaschinen, die lenken nicht nur von der Stille des Weges ab, sondern signalisieren anderen Pilgern und allen Menschen, die am Wege leben: „Ich will nichts mit Dir zu tun haben!" Die Stille (wieder) zu entdecken ist einer der größten Schätze, den am auf dem Weg finden kann. Und man sollte das sich nicht selbst unmöglich machen ...

Jedes Gramm zählt, vom Wiegen und von Gewichten

Schon meine Großmutter wusste, 'Viel wenig macht ein viel!'. Und so addieren sich auch im Rucksack die Gramme schnell zu Kilos auf. Allerdings habe ich bei der Beschreibung der einzelnen Ausrüstungsgegenstände ganz bewusst auf genaue Gramm-Angaben verzichtet, da es Ihnen ja doch wenig nützt zu wissen, wie viel mein eigener Schlafsack wiegt! Viel wichtiger für Sie ist es, zu wissen, was ein gutes Durchschnittsgewicht eines leichten Schlafsacks ist, das hilft dann bei der Kaufentscheidung.

Zum Wiegen der Ausrüstung, Stück bei Stück, empfiehlt sich eine Briefwaage, oder eine genaue Küchenwaage. Zum Wiegen des ganzen, gepackten Rucksacks kann dann eine Personenwaage benutzt werden. Im Anhang finden Sie Verlinkungen zu Packlisten im doc- und pdf-Format, die Sie sich von meiner Webseite herunter laden und Ihren eigenen Bedürfnisse anpassen können. Komplett mit Extraspalte, in die Sie das Gewicht Ihrer eigenen Ausrüstungsgegenstände eintragen können. So behalten Sie leicht den Überblick und können sehen, wo vielleicht noch ein paar Gramm eingespart werden können.

Schon ein Pfund mehr oder weniger kann, über lange Zeit, einen wichtigen Unterschied im Pilgerkomfort bedeuten. Bedenken Sie, dass Sie den ganzen Rucksack Tag aus, Tag ein tragen müssen, durchschnittlich 25 Kilometer am Tag. Das sind mehr als 30 000 Schritte pro Tag, die Sie diesen schleppen müssen! Ich verspreche Ihnen, dass Sie sich da über jedes Gramm weniger freuen und über jedes Gramm zu viel ärgern!

Der Reichtum des Pilgerns liegt in der (Selbst-)Beschränkung, im sich Zurückbesinnen auf die wesentlichen Dinge, und im Unterscheiden lernen, was wichtig und was unwichtig ist. Je länger und je öfter man pilgert, desto klarer wird, dass die Dinge, die wir nicht sehen, und die nichts wiegen!, oft wichtiger sind, als das, was wir im Rucksack tragen.

Es gibt Geschäfte in Spanien – Wirklich!

Manchmal ist es unglaublich, was Pilger von zu Hause nach Spanien mit schleppen: Essen für die ersten paar Tage ist noch das Wenigste! Wirklich, es gibt in Spanien Geschäfte und in denen kann man alles kaufen, was man braucht, nicht immer dieselbe Marke wie zu Hause, aber immer ein ähnliches Produkt. Keine Pilgerin braucht zum Beispiel ihren Monatsbedarf an Binden oder Tampons mitzubringen, die gibt's in jedem Supermarkt.

Also, wenn Sie zu wenig von etwas mitgenommen haben, fragen Sie einfach nach dem nächsten 'supermercado' (Supermarkt) oder, in Dörfern nach der nächsten 'tienda' (Tante Emma Laden). Die folgenden Großstädte werden Sie auf dem Camino Francés durchqueren und in ihnen finden Sie alles, was Sie auch in einer deutschen Großstadt finden können, und mehr: Pamplona, Logroñ, Burgos, Léon, Ponferrada und natürlich Santiago selbst. Aber selbst in kleineren Städten und Dörfern gibt es alles zu kaufen, was das Pilgerherz begehrt und der Pilger wirklich braucht.

Allgemeine Überlegungen zur Ausrüstungsbeschaffung

Muss man wirklich eine komplett neue Ausrüstung kaufen?

Nein, natürlich nicht! Wenn Sie schon gut eingelaufene Wanderschuhe, einen bequemen Rucksack und / oder ein gutes Taschenmesser haben, sollten Sie diese auch verwenden. Trotzdem kann es sich lohnen, sich die entsprechenden Kapitel hier durchzulesen, um sicher zu gehen, dass die Ausrüstung, die Sie haben, angemessen ist. Schwere Bergstiefel, zum Beispiel, sind auf dem Jakobsweg nur im tiefsten Winter nötig, sonst reichen einfache, aber feste Wanderschuhe aus.

Wo sollte man die Ausrüstung kaufen?

Dinge, die unbedingt vorher anprobiert werden müssen, wie Schuhe und Rucksack, sollte man möglichst im Fach- oder Outdoor-Geschäft persönlich kaufen und nicht online bestellen. Andere Dinge kann man beruhigt auch online einkaufen, was manchmal Geld sparen kann! Im Anhang finden Sie ein paar Adressen, die sich ausrüstungsmäßig seit Jahren für mich bewährt haben.

Extratip: Wenn Sie ein passendes Paar Schuhe, oder einen gutes Rucksackmodel im Outdoor-Laden gefunden haben, hindert Sie keiner daran, sich dieses Modell zu merken und dann im Internet danach auf Schnäppchensuche zu gehen ...

Gebraucht kaufen oder leihen?

Ja, warum nicht? Wenn das Geld knapp ist, können manche Dinge auch gebraucht gekauft werden. Oder von Freunden,

Bekannten und Familie geliehen werden. Allerdings muss ich betonen, dass Rucksack und Schuhe unbedingt gut passen müssen, sonst wird der Pilgerweg schnell zum Weg der Qualen. Aber Sachen wie Wanderstöcke, digitale Kamera oder Ähnliches, kann man sich beruhigt ausleihen oder gebraucht kaufen.

Was muss zuerst besorgt oder gekauft werden und was zum Schluss?

Der Pilgerpass sollte zuerst beantragt und die Schuhe sollten zuerst gekauft werden. Die Bearbeitung eines Pilgerpass-Antrages durch die Jakobsgesellschaften kann viele Wochen dauern und die Schuhe sollten gründlich eingelaufen seien, bevor man sich auf den Weg macht. Als Nächstes steht der Schlafsack auf der Einkaufsliste, da dieser am meisten Platz im Rucksack braucht.

Der Rucksack wird zuletzt gekauft, da es vom Rest der Ausrüstung abhängt, wie viel Volumen (Schlafsack!) man schlussendlich braucht. Und alles Andere - zwischendrin. Auf jeden Fall sollte man, wenn möglich, die komplette Ausrüstung schon ein paar Wochen vor dem geplanten Camino-Beginn zusammen haben, so dass man mit allem drum und dran beladen trainieren kann und eventuelle Schwachstellen und Fehler rechtzeitig bemerkt und verbessern kann.

Frauen-spezifische Pilgertips

Auch wer normalerweise keinen BH trägt, sollte es sich überlegen, einen oder zwei Sport-Bhs mit breiten Schulterriemen mitzunehmen. Nur wer 'da oben' (fast) gar nichts hat, kann darauf verzichten, alle anderen werden die Unterstützung schnell schätzen.

Wer lange Haare oder eine komplizierte Frisur hat, sollte die Haartracht vor dem Weg auf pflegeleicht umstellen. Lange Haare brauchen viel Wasser zum Waschen und länger zum Trocknen – wichtig vor allen Dingen im Winter!

Ich weiß, es ist ungerecht, aber Männer-Sportkleidung ist oft billiger als die, die speziell für den Geschmack der Damen entwickelt wurde. Und es merkt ja eh keiner, ob Sie nun eine 'männliche' oder eine 'weibliche' Wanderhose tragen.

Auch wer normalerweise nicht die Pille nimmt, sollte sich, mit dem Gynäkologen zusammen, überlegen, ob es nicht Sinn machen würde. Mit der Pille fällt die Regelblutung im allgemeinen leichter aus, ist weniger schmerzhaft und lässt sich im Bedarfsfalle verschieben. Wenn frau zum Beispiel nur zwei Wochen Zeit auf dem Jakobsweg hat, kann es schon einen Unterschied im Pilgervergnügen bedeuten, wenn die Pilgertage ohne 'die Tage' erlebt werden!

Tampons sind praktischer als Binden auf dem Pilgerweg, besonders im Sommer.

Rasieren und enthaaren sind Modeerscheinungen, und selbst die modebewussteste Pilgerin sollte sich überlegen, ob es wirklich das extra Gewicht wert ist, die dazu nötigen Zutaten mit zu schleppen. Wer sich dafür entscheidet, die Körperhaare auf dem Camino ihren natürlichen Weg gehen zu lassen, sollte damit schon eine Woche vorher zu Hause anfangen. Wenn die Haare unter den Armen nachwachsen, stachelt das ja ganz schön am Anfang, kombinieren Sie das dann mit Hitze und schwitzen und Sie spüren schnell, was ich meine ...

Viele Frauen fürchten sich, sich alleine auf die Pilgerschaft zu machen. Ich selber bin bis jetzt über 6000 Kilometer auf europäischen Pilgerwegen gelaufen, als Frau und meistens alleine, bis auf eine kurze Pilgerschaft mit meinem frisch gebackenen Ehegatten, und ich kann mich an keine einzige Situation erinnern, in der ich mich nicht sicher gefühlt habe. Andere Pilgerinnen haben mir das, über die Jahre, bestätigt, ich bin also sicher kein Einzelfall. Außerdem ist frau, abgesehen vielleicht vom tiefsten Winter, ja eh nie alleine auf dem Weg, da gibt's genug andere Pilger! Hauptgefahren auf dem Jakobsweg sind eher ein verstauchte Knöchel, oder Blasen an den Füßen, als böse Männer.

Männer-spezifische Pilgertips

Überlegen Sie sich, ob Sie das Rasierzeug zu Hause lassen können und sich einfach einen Bart wachsen lassen. Das spart Gewicht und hält, vor allem in der kühleren Jahreszeit, das Gesicht warm! Aber auch hier ist es besser, mit dem Haare-wachsen schon zu Hause zu beginnen.

Wenn Sie Schwierigkeiten haben, einen passenden Rucksack zu finden, weil Sie einen kurzen Rücken haben, probieren Sie einfach mal einen Frauenrucksack an, vielleicht passt der ja besser! Es weiß ja nachher keiner, dass Sie diesen in der Frauenabteilung des Sportgeschäftes gefunden haben – vielleicht solange Sie sich keinen in Pink aussuchen ;-)

Geldbörsen gehören nicht in die Gesäßtasche! Die Diebstahlsgefahr auf dem Weg und in den Herbergen ist eher gering, aber das Portemonnaie, oder irgendetwas von Wert, in der Gesäßtasche zu tragen, ist trotzdem eine dumme Idee.

LGBT-spezifische Pilgertips

Man und frau glaubt es kaum, aber Spanien ist ein sehr tolerantes Land, obwohl römisch-katholisch fast die Staatsreligion ist! Ein spanisches Sprichwort, um das zu verdeutlichen: *'In Spanien sind wir alle römisch-katholisch – sogar die Atheisten!'*;-) Und seit 2005 ist die gleichgeschlechtliche Ehe und die Adoption von Kindern bei solchen Ehepaaren rechtlich möglich. Und in einer Befragung im Jahre 2007 antworteten 82% der Bevölkerung (statistisch gesehen) mit 'Ja' auf die Frage, ob Homosexualität von der Gesellschaft akzeptiert werden sollte.

Trotzdem gibt es ein paar Dinge, die schwule und lesbische Pilger bedenken sollten. Selbst im heterosexuellen Kontext ist es in Spanien nicht üblich, Zuneigung öffentlich zu explizit zu zeigen. Das heißt, Händchen-haltend den Camino zu gehen ist ok, sich gegenseitig mit Küssen 'aufzufressen' verursacht erhobene Augenbrauen, unabhängig von der Geschlechterkombination des Paares. Die Übernachtung in den Herbergen findet in Gemeinschaftsschlafräumen statt. Wer mehr privates im Sinn hat, sollte sich ein Hotelzimmer gönnen ;-)

Und eine 'Schwulenkultur' gibt es auf dem Camino auch nicht, nur eine Pilgerkultur, die sich bemüht, so einschließlich wie möglich zu sein, unabhängig von Nebensachen wie Hautfarbe oder sexueller Orientierung. Also kommt gar keine Diskriminierung vor? Nein, leider doch, aber selten. Wer darauf wartet, dass alle Menschen ihn oder sie so akzeptieren, wie er ist, kann lange warten.

Zusammenfassung: Schwule und Lesben haben auf dem Jakobsweg so wenig Probleme wie Heterosexuelle, allerdings würde ich es dem örtlichen Priester nicht unbedingt ins Gesicht bekennen – aber auch da gilt den gesunden Menschenverstand walten zu lassen. Und Ausnahmen bestätigen die Regel ;-)

Kombinieren und Mehrzweckverwendungen der Ausrüstung

Abgesehen vom Wiegen und Kaufen der leichtesten Ausführung, ist dies vielleicht der wichtigste Tip, um einen leichten Pilgerrucksack zu haben. Ein paar Beispiele:

Sicherheitsnadeln ersetzen Wäscheklammern, helfen mit Notreparaturen und können Verbände befestigen.

Ein modernes Handy kann ein/e Adressbuch, Kamera, Reiseführer (freie Kindle App benutzen!), Taschenlampe, Notizbuch, Uhr, Wecker und vieles mehr ersetzen.

Ein Pareo oder Strand Tuch kann als Handtuch, Rock, Badeanzug, Picknickdecke, Schal, Sonnenschutz usw. dienen.

Dasselbe Duschgel kann zum Körper-, Haare- und Kleiderwaschen benutzt werden. Kein Grund also, extra Shampoo oder Seife mitzunehmen.

Sonnencreme kann auch als Hautcreme verwendet werden.

Fragen Sie sich also immer, ob Sie einen Gegenstand mitnehmen können, der mehrere Funktionen erfüllt - anstatt mehrere mitzunehmen, die jeweils nur eine Funktion haben.

Allgemeine Tipps zur Gewichtsreduzierung

Leichter packen mit Köpfchen

Mit den folgenden Tipps, wenn rigoros angewendet, können Sie das Endgewicht ihres Rucksacks leicht um 500 bis 1000g reduzieren. Sammeln Sie alles, was Sie herausreißen, oder abschneiden können und wiegen Sie es am Ende. Sie werden überrascht sein, wie viel Gewicht Sie mit diesen einfachen Tipps eingespart haben!

Seiten aus Reiseführern herausreißen, die man nicht oder nicht mehr braucht, oder benutzen Sie eine elektronische Version desselben.

Überflüssige Etiketten, Schnallen und so weiter von Rucksack und Kleidung entfernen.

Adressen und Telefonnummern im Handy speichern, oder auf **einem**Blatt Papier notieren – das schwere Adressbuch zu Hause lassen.

Jeden Ausrüstungsgegenstand untersuchen und sehen, ob da etwas hängt, was man nicht braucht oder, ob es etwas gibt, das man gefahrlos abschneiden kann.

Immer die kleinste, leichteste und einfachste Ausgabe wählen, zum Beispiel Mini-Zahnbürste statt einer normal großen. Angebrochene Tube, konzentrierte Zahnpasta, zum Beispiel Ajona® , oder Reisegröße statt voller Tube Zahnpasta nehmen.

Nehmen Sie keine großen Vorräte mit, wenn die kleine Tube Zahnpasta aufgebraucht ist, können Sie neue kaufen. Es gibt in Spanien Geschäfte – ja wirklich!

Wenn ihre Anreise per Flugzeug erfolgt, bitte auch an die Regulierungen bezüglich Flüssigkeiten im Handgepäck denken.

Zusammenfassung

Fragen Sie sich bei jedem Gegenstand, den Sie einpacken wollen:

- Was ist das absolut Schlimmste, was passieren kann, wenn ich xyz NICHT mitnehme? Die Antwort bestimmt dann, ob Sie es einpacken müssen, oder zu Hause lassen können.
- Kann ich hier irgendetwas entfernen, ohne die Funktion zu beeinträchtigen?
- Können manche Ausrüstungsgegenstände durch einen einzigen ersetzt werden, der mehrere Funktionen in sich vereinigt?

Gewichtsreduktion auf dem Weg

Nein, nein, nicht die Gewichtsreduktion der Gürtellinie, das klappt von ganz alleine, hier geht es darum, wie man vermeidet, dass der Rucksack oder die Fahrradtaschen langsam schwerer werden, weil sich so viele Sachen einschleichen.

******Pilger-Anekdote******

Während meiner ersten Pilgerreise war ich zeitweise mit einem Schweizer Pilger unterwegs. Ich hatte mir es damals schon zur Gewohnheit gemacht, meinen Rucksack alle zwei bis drei Tage völlig zu leeren und neu zu packen und gewissenhaft alles

Überflüssige weg zuwerfen oder wenigstens voraus zu schicken. Der liebe Pilgerkamerad fand das ganz lustig und eine Zeitverschwendung, da er ja nichts Überflüssiges dabei hatte - so sagte er wenigstens. Als wir in Santiago ankamen und er sein Flugzeug nach Hause gebucht hatte, hat er sich dann doch seinen Rucksack vorgenommen. Volle drei Kilo an 'nichts Überflüssigem' sind da zum Vorschein gekommen! Sachen kumulieren schnell im Pilgerrucksack oder der Fahrradtasche. Das Stück Papier mit der Beschreibung einer Kirche, die Eintrittskarte zu einer Ausstellung oder sogar die Restaurantrechnung addieren mit der Zeit ab …

***

Deshalb hier der nächste wichtige Tipp:

Alle zwei bis drei Tage das Gepäck entleeren, auf Schäden (besonders im Bereich der Nähte, Reißverschlüsse und Gurte) untersuchen und neu packen. Was man nicht mehr braucht, entweder nach Santiago voraus / nach Hause schicken – oder wegwerfen (in einen Mülleimer natürlich!) !

Pilger mit Tieren

Wer den Jakobsweg mit einen tierischen Begleiter wandert, hat es zwar manchmal leichter, aber öfter auch schwerer. Esel und Pferde werden als Transportmittel von ein paar hundert Pilgern jedes Jahr benutzt. Mehr noch versuchen, ihren Hund auf den Jakobsweg mitzunehmen. Zu beachten ist, dass Hunde, es sei den es handelt sich um Blindenhunde, oder andere registrierte Assistenzhunde mit Ausweis, **NICHT** in Herbergen auf dem Jakobsweg erlaubt sind. Und abgesehen vom eigenen Gepäck, muss dann auch noch alles nötige für die lieben Vierbeiner transportiert werden …

Pilger, die planen, den Jakobsweg in tierischer Begleitung zu pilgern, sollten sich das dreimal überlegen! Futter und Unterkunft kann schwer zu finden sein und auch die Rückreise ist nicht so einfach! Was funktioniert, ist, was drei spanische Pilger, Großvater, Vater und Sohn, gemacht haben.

****Pilger-Anekdoten****

Diese waren von zu Hause los gelaufen, hatten einen Esel dabei, der das Gepäck transportierte, und einen Hund, der alles bewachte. Na ja, bewachte ist zu viel gesagt, der Hund war so freundlich, dass die einzige Gefahr war, von ihm zu Tode geleckt zu werden ;-) Diese Pilger versuchten die größeren Städte zu vermeiden, oder schnell während des Tages zu durchqueren und nur in kleineren Orten, auf einer Wiese in der Nähe der Herberge, zu übernachten. So konnten sie duschen und kochen und hatten keine Probleme, ihr 'Viehzeug' auf einer Wiese unter zu bringen. Und der Esel trug natürlich das Zelt, zwei eigentlich, ein großes für die Menschen und ein kleineres für den Hund.

Auch Heinrich, der Alt-Hippie, der aus Österreich angelaufen kam, hatte einen Esel als Lasttier dabei, der die Ausrüstung, Blumenvase und Häkelzeug, eingeschlossen, trug. Als ich die beiden in der Mitte Spaniens traf, waren sie so aufeinander eingespielt, dass der Esel die meiste Zeit frei neben ihm herlief – wie ein zu groß geratenes Hündchen.

***

In beiden Fällen hatten die Pilger mehrere Dinge gemeinsam. Sie sprachen spanisch, was die Kommunikation mit dem Bauern, dem die Weide gehört und den Dorfbewohnern im allgemeinen vereinfachte. Sie hatten viel Zeit und konnten so ohne Zeitdruck, und ohne die Esel zu überanstrengen, pilgern und in beiden Fällen planten sie auch, wieder nach Hause zurück zu laufen!

Und natürlich sind Esel auch viel genügsamer, wenn es ums Futter geht als Pferde. Wer dagegen mit einem Pferd unterwegs ist, muss entweder ein Begleitfahrzeug dabei haben, um das Futter zu transportieren, oder sich sehr genau erkundigen, wo es Futter zu kaufen gibt. Und dann gibt es noch die Schwierigkeit, im Bedarfsfall einen Hufschmied zu finden … Und wie kommt der Esel, oder das Pferd wieder nach Hause? All das sollte man sich vorher überlegen, bevor man einen Vierbeiner mit auf den Weg nimmt.

Beide, Pferde und Esel, können, mit genügend Zeit, den Jakobsweg bewältigen, mit Hunden wird das noch mal schwieriger! Wie schon erwähnt, sind Hunde in den Pilgerherbergen **NICHT** willkommen, einzige Ausnahme Blindenführhunde und andere, zertifizierte Assistenzhunde, und auch das durchqueren spanischer Dörfer ist mit ihnen schwierig.

Die dortigen Dorfhunde haben nämlich etwas dagegen, wenn ein fremder Hund einfach so frech durch ihr Revier läuft. Nehmen sie dazu noch dazu das 20-25km, die durchschnittliche Tagesleistung eines Pilgers am Tag für den Hund, der ohne Leine vor und zurück läuft, schnell 30 – 40km bedeuten kann, und das jeden Tag, und Sie sehen hoffentlich ein, warum es besser ist, den Hund zu Hause zu lassen.

Wer unbedingt mit dem Hund pilgern will, sollte sich eine 'ruhige' Reisezeit aussuchen und nur kurze Strecken, maximal 15km am Tag, zurücklegen. Und natürlich ein Zelt dabei haben, da auch viele Hotels und Pensionen in Spanien Hunde als Gäste ablehnen. Und der Hund sollte auch trainiert sein und einer Rasse angehören, die a) gerne läuft b) groß genug ist, die Anstrengung zu verkraften und c) Hitze und Kälte gut vertragen können.

Auch die Rückreise gestaltet sich schwierig, da Hunde in öffentlichen Verkehrsmitteln, Ausnahme wieder Assistenzhunde, in Spanien **NICHT** erlaubt sind. Also vor dem los laufen gut überlegen, wie es wieder nach Hause geht.

Essen und Trinken

Essen und trinken hält Leib und Seele zusammen, oder, wie die Spanier sagen, *'Can pan y vino se anda el camino.'* übersetzt 'Mit Brot und Wein läuft sich der Weg (von selbst).' Der Pilgeralltag und der Tagesablauf der Spanier, die am Weg leben und arbeiten, sind manchmal so weit voneinander entfernt, wie Tag und Nacht.

Das fällt besonders ins Gewicht, wenn Pilger gerne im Restaurant essen würden, aber dieses noch geschlossen ist oder so früh noch kein Essen serviert. Über die Jahre hat sich dieses geändert und die Bars und Restaurants am Wege haben sich den Pilgerbedürfnissen mehr angepasst, aber trotzdem gilt:

Frühstück findet man selten vor 09:00 Uhr (außer wenn man im selben Hotel oder der (Privat) Herberge, wo es serviert wird, schläft), Mittagessen wird normalerweise von 13.00 bis 15.00 Uhr serviert und das Abendessen allerfrühestens ab 21.00 Uhr.

Frühstück: Die Herberge muss normalerweise bis 08.00 Uhr verlassen werden – Lösung: Sich sein Frühstück, oder wenigstens etwas zu knabbern am Tag vorher einkaufen und dann später in einem der nächsten Dörfer für einen Café con leche (Milchkaffee) anhalten und ein richtiges, zweites Frühstück zu sich nehmen.

Extratip: Manche Herbergen bieten auch Frühstück an, das sollte man sich gönnen. Vermeiden sollte man dagegen den Kaffee, der aus den Verkaufsautomaten kommt! Um es mal vorsichtig auszudrücken, die werden, zumindest meiner Erfahrung nach, nicht sehr oft und nicht sehr gründlich gereinigt.

Pilger oder Tagesmenüs sind, ab 10 Euro, in vielen Bars, Restaurants und Privatherbergen erhältlich und bestehen normalerweise aus drei Gängen, Brot und Wein, Wasser oder Softdrinks. Ob man die Hauptmahlzeit des Tages am Abend oder mittags zu sich nimmt, hängt davon ab, ob man noch weiter laufen möchte / kann, nach dem man soviel gegessen hat ;-) Alternativ kann man sich auch ein 'bocadillo' (belegtes Baguette) gönnen, wenn man nicht zu viel essen will und / oder keine Lust auf eine Brotzeit am Wegesrand hat.

Alkoholfreies Bier

Alkoholfreies Bier (Cerveza sin alcohol auf spanisch) ist vielleicht das beste Getränk das sich der Pilger zum Mittagessen bestellen sollte, wenn er im Restaurant ist. Es enthält wichtige Mineralien und, da alkoholfrei, erlaubt das Weiterpilgern ;-) Den Wein kann man dann ja abends trinken ;-)

Brotzeit

Wurst, Käse, Brot, Nüsse, Trockenobst, Schokolade, Bananen und ähnliches kann man in fast jedem Dorf kaufen und, bei gutem Wetter, am Wegesrand verzehren. Bananen sind hervorragend geeignet, um Muskelkrämpfen vorzubeugen und Wurst und Käse liefern dem Körper das notwendige Salz, das beim Schwitzen verloren geht.

Bananen und Nüsse sind eines der besten Vorbeugungsmittel gegen Muskelkrämpfe das ich kenne, wenn möglich sollten wenigstens zwei Bananen pro Tag verzehrt werden!

Einkaufen und selber kochen

Viele Herbergen verfügen über Küchen, die die Pilger benutzen können. Bevor man aber zum Einkaufsbummel aufbricht, sollte man sich erst umschauen, was an Kochgeschirr vorhanden ist. Eine gute Idee ist es auch, sich mit anderen Pilgern zusammen zu tun, um zu kochen und zu essen, das spart Geld und ist einfacher, als wenn jeder sein eigenes Süppchen in einer kleinen Küche zu kochen versucht.

Salz

Ein ausgewogenes Salz / Wasser Verhältnis ist wichtig, um vielen durch Hitze bedingten Beschwerden wie Krämpfen vor zu beugen. Viele Pilger begehen den Fehler, genug Wasser zu trinken, aber vergessen, genug Salz zu sich zu nehmen, um das Salz, das beim Schwitzen verloren geht, zu ersetzen. Aber ohne Salz kann der Körper nicht das Wasser behalten, man scheidet es sofort wieder aus, und es entwickelt sich ein Teufelskreis, der bis zu Muskelkrämpfen,

Schwindel und sogar Ohnmacht führen kann.

Schlimmer noch kann die so genannte Wasservergiftung (Hypotone Hyperhydratation) verlaufen. Diese tritt auf, wenn trotz hohen Wasser- und Salzverlustes (körperliche Anstrengung, Hitze usw.) dem Körper übermäßig Wasser, aber kein Salz und auch keine anderen Mineralien zugeführt werden. Die Symptome reichen von Schwindel, Verwirrung, über Übelkeit und erbrechen (die den Wasser- und Salzverlust noch verstärken!) zu Organschäden und im Extremfall zum Tode durch Hirnödem.

Ich nehme deshalb immer ein ganz kleines Döschen Salz mit auf dem Weg und habe es griffbereit, entweder in der Hosentasche, oder in der Gürteltasche, oder Bauchtasche. Wenn ich merke, dass mir komisch wird, nehme ich eine Fingerspitze Salz, solange es gut schmeckt, braucht der Körper mehr, wenn es anfängt eklig zu schmecken, hat er genug.

Dies, zusammen mit ausreichender Wasseraufnahme, siehe unten, hat für mich immer gut funktioniert. Natürlich hilft es auch, salzige und mineralreiche Speisen zur Brotzeit zu sich zu nehmen (Wurst, Käse, gesalzene Nüsse, Bananen usw.) und sich nicht nur von frischem, leckerem, aber salzarmen Obst und Gemüse zu ernähren.

Wasser

Trinkwasser

Wasser muss man nicht im Geschäft kaufen, fast jedes Dorf hat einen Trinkwasserbrunnen! Wenn an einem solchen 'Potable' steht, ist das Wasser zum Trinken geeignet und 'NO

Potable' heißt, dass man es nicht trinken kann.

Im Zweifelsfalle immer, notfalls mit Zeichensprache und Pantomime, die Einheimischen fragen. Leitungswasser ist in Spanien stärker gechlort als in Deutschland, Österreich oder der Schweiz – aber man gewöhnt sich schnell daran. Wenn kein Brunnen vorhanden ist, kann man auch mit einem freundlichen '*Aqua, por favor.*' (Wasser, bitte) seine Trinkflasche in der nächsten Bar vor zeigen, die wird einem dann normalerweise prompt mit Leitungswasser gefüllt.

Und ist keine Bar vorhanden, helfen auch meistens die Einheimischen gerne aus, vor allen Dingen wenn man '*por favor*' (bitte) und '*muchas gracias*' (vielen Dank) sagt!

Wie viel Wasser braucht der Pilger?

Mehr als die meisten Pilger glauben! Der Wasserverlust des Körpers ist durch die Anstrengung und die oft höhere Umgebungstemperatur größer als zu Hause. Ein guter Indikator, ob man genug trinkt, ist die Farbe des Urins. Je dunkler dieser ist, desto mehr muss man trinken. Damit der Körper aber dieses Wasser auch behalten und richtig verwerten kann, muss gleichzeitig genügend Natriumchlorid (Salz) vorhanden sein (siehe oben).

Praktisch sieht das für den Pilger so aus:

Vor dem Aufbruch am Morgen richtig 'volltrinken' und ein salzhaltiges Frühstück zu sich nehmen.

Je nach Saison und Entfernung zur nächsten Wasserstelle / Dorf immer mindestens 0.5-1l Wasser in der Flasche haben, bei langen wasserlosen Strecken und im Sommer natürlich mehr.

Wasserflasche und Pilger an jedem Brunnen 'auffüllen'.

Salz und Bananen auch während des Tages nicht vergessen!

Nach ein paar Tagen entwickelt man schnell wieder ein gutes Körpergefühl und kann selbst abschätzen, wie viel Wasser man für die nächste Strecke in die Wasserflasche füllen sollte.

Wasser ist aber auch für die gesunde Funktion der Sehnen, Bänder und Gelenke wichtig. Ein pilgernder Orthopäde hat mich diesen schönen Satz geleert: „Das ist keine Entzündung der Gelenke oder Sehnen, die haben nur Durst!"

Wenn der Körper nämlich zu wenig Wasser zur Verfügung hat, spart er es zuerst dort ein, wo es nicht lebensnotwendig ist, zum Beispiel in der 'Gelenkschmiere' (Synovia). Diese besteht normalerweise zu 94% aus Wasser und verdickt sich bei Wassermangel deshalb schnell. Also beim ersten auftreten von Gelenk- oder Sehnenschmerzen dem Körper mehr Wasser anbieten!

Wasserarmut in Spanien

Manche Teile Spaniens leiden, vor allem im Sommer, oft unter extremen Wassermangel. Bitte daran denken, wenn Sie sich duschen oder ihre Kleidung waschen! Jeder verschwendete Tropfen bedeutet, dass anderen weniger Wasser zur Verfügung steht. Im Hochsommer kann es, vor allem in der Rioja und der Meseta (Hochebene zwischen Burgos und Leon), in sehr trockenen Jahren schon vorkommen, dass einem die Herbergseltern eine 2l Flasche mit Wasser zur Begrüßung in die Hand drücken – zum Duschen.

Das heißt dann, dass der Wasserspiegel so weit abgesunken ist, das das Wasser mit Lastwagen von anderen Orten gebracht werden muss! Also nicht schimpfen und stattdessen dafür dankbar sein, dass die Nachbarn trotzdem ihr weniges Wasser mit den Pilgermassen teilen.

Duschen und Waschen

Wenn viele Pilger in der Herberge sind, kann es vorkommen, dass das heiße Wasser nicht für alle ausreicht. Manchmal hilft es, sich nur schnell zu waschen und mit dem Duschen bis abends zu warten, wenn sich der Heißwassertank wieder aufgeheizt hat.

Beim Waschen von Kleidern daran denken, dass die Wanderkleidung auch mit kaltem Wasser sauber wird und heißes Wasser für die später ankommenden Pilger zum Duschen übrig lassen. Viele Herbergen stellen aus genau diesem Grunde nur Kaltwasser am Wäschewaschbecken zur Verfügung.

Extratips: Dreckige Kleidung mit unter die Dusche nehmen, um sie so 'vor zu waschen' während sich der Pilger duscht und dann zum Fertigwaschen und Spülen zum eigentlichen Wäschewaschbecken transportieren.

Und wenn einem die Seife zum Waschen ausgeht, befindet sich in der Küche meistens Geschirrwaschmittel, das hervorragend als Ersatz geeignet ist ;-)

Viele Herbergen haben auch Waschmaschinen, wenn man sich zu mehreren zusammen tut, kann man Geld sparen und umweltschonend (da volle Waschmaschine!) waschen.

Wie viel darf der Pilgerrucksack nun wiegen?

Als Faustregel wird oft gesagt, dass der Rucksack, Wasser und Essen eingeschlossen, im Sommer maximal 10% und im Winter maximal 15% des Körpergewichtes des Pilgers wiegen darf. Das stimmt so schon, aber, wie es so schön heißt, Ausnahmen bestätigen die Regel!

Ein übergewichtiger Mann, der 200kg wiegt, sollte sich natürlich nicht noch mit einem 20kg Rucksack belasten und eine zierliche Frau, die nur 45kg wiegt, hat Schwierigkeiten, alles mitzunehmen und trotzdem unter 4,5kg zu bleiben.

Aus Erfahrung würde ich mal sagen, dass 8kg im Sommer und 10kg im Winter alles beinhalten können, was der Pilger wirklich braucht. Wenn Sie das noch weiter reduzieren können – um so besser! Aber leider ist es auch so, dass gute und leichte Ausrüstungsgegenstände fast immer teurer sind als gute und nicht so leichte ...

Weitere Pilgertips, die nirgendwo sonst hinein passten

Wenn billig teuer zu stehen kommt

Billig heißt nicht immer schlecht und teuer heißt nicht immer gut. Aber manchmal kann billig teuer zu stehen kommen. Zum Beispiel wenn man einen billigen Rucksack im Sonderangebot kauft, nur weil er eben billig ist, und dieser Rucksack dann nicht passt, die Schultern wund reibt, den Rücken überlastet und zum guten Schluss den Geist aufgibt, wenn die Gurte reißen.

Sparen kann man auf viele Weisen, zum Beispiel bei der An- und Rückreise, oder der Kleidung, aber wichtige

Ausrüstungsgegenstände wie Rucksack und Schuhe sind die falsche Stelle zu sparen.

Ein besserer Weg Geld zu sparen ist, sich nach Auslaufmodellen des letzten Jahres umzuschauen, die entsprechen vielleicht nicht der letzten Mode, sind aber neu und oft mindestens so funktionstüchtig wie der letzte Schrei. Also Augen auf im Sommerschluss- , Winterschluss- und Räumungsverkauf!

Ein Wort zum Umweltschutz

Leider sieht man, vor allem im Sommer, unheimlich viel Abfall am Wegesrand liegen. Es reicht ja zu sagen, dass man das, was man leer gegessen hat, wieder mitnehmen soll. Und die Verpackung wiegt ja ohne Inhalt auch weniger. Wer mehr für die Sauberhaltung des Jakobsweges tun möchte, kann ja eine extra Tüte mitnehmen, Abfall einsammeln und im nächsten Dorf fachgerecht entsorgen. Wenn das jeder Pilger machen würde, wäre der Camino schnell wieder so sauber, wie er einmal war!

Andere Pilgerberichte lesen

Das ist die eine Sache, die ich Ihnen nicht empfehle! Es stimmt schon, viele Pilger haben zuerst von Paulo Cuelho, oder Hans Kerpeling vom Camino gehört, aber wenn Sie zu viele Erfahrungen anderer Pilger lesen, besteht die Gefahr, dass Sie erwarten, dass Ihr Camino dem der Autoren gleicht, aber Sie möchten doch Ihren eignen Weg gehen und erfahren – oder nicht? Bücher zur Geschichte des Weges, zur Kunst, Natur oder um spanisch zu lernen, sind dagegen als Vorbereitung sehr zu empfehlen!

Gepäcktransport

Es gibt jetzt Anbieter, die Pilgergepäck-Transport von Herberge zu Herberge anbieten, hier meine Gedanken zum Thema:

Wer sich sein Gepäck transportieren lässt und nur mit einem leichten Tagesrucksack pilgert, gilt technisch als 'Pilger mit Begleitfahrzeug' und hat erst ganz zuletzt Anspruch auf ein Bett – wenn noch eins übrig ist. Wer dann schwindelt, sich seinen großen Rucksack ein paar hundert Meter vor der Herberge wieder auflädt und in der Herberge vorgibt, den ganzen Tag mit diesem gelaufen zu sein, sollte sich zwei Dinge überlegen:

Das Bett, das er nun hat, fehlt wahrscheinlich einem Pilger, der den ganzen Tag, im Schweiße seines Angesichts seinen schweren Rucksack getragen hat. Der Schwindler soll sich auch überlegen, dass er mit dieser Einstellung sich nicht viele Freunde unter den anderen Pilgern machen wird!

Ein Teil der Jakobsweg- Erfahrung ist es auch, die eigenen Grenzen zu testen, zu erweitern und sich zu freuen, wenn man etwas geschafft hat, das man sich eigentlich nicht zutraute. Außerdem verleitet das Angebot des Gepäcktransportes ja wieder zum Überladen des Rucksacks und läuft so wieder der Idee des Los-lassens und sich aufs Wesentliche zu besinnen entgegen.

Auch die Spontaneität kann durch einen solchen organisierten Transport des Rucksackes schnell verloren gehen. Stellen Sie sich einfach mal vor, dass Sie gerne in einer Herberge bleiben möchten, aber das ihr Rucksack in einer anderen Herberge, in einem anderen Dorf, auf Sie wartet ...

Wer dagegen aus Gesundheitsgründen absolut kein Gewicht tragen kann, für den kann ein solcher Service den Unterschied zwischen dem Pilgern und zu Hause bleiben zu müssen bedeuten und ist sicher zu empfehlen.

****Pilger-Anekdote****

Die Mutter eines Freundes ging den Weg von Sarria nach Santiago, die ganzen 110 Kilometer. Sie schaffte im Durchschnitt ungefähr 5 Kilometer am Tag und ihr Gepäck wurde mit dem Taxi transportiert. Der Grund? Sie hatte gerade eine Krebsbehandlung überstanden und wollte dafür Dank sagen dass sie noch am Leben war. Eine echte Pilgerin? Ich glaube schon!

***

Zusammenfassung: Erinnern Sie sich bitte an das alte Bibelwort, auch wenn Sie kein Christ sind: '*Richtet nicht, damit ihr nicht gerichtet werdet*' bevor Sie in die Versuchung fallen, das Verhalten anderer Pilger zu bewerten – Sie können nicht wissen, was dahinter steckt!

Reservierungen

Manche Privatherbergen bieten die Möglichkeit an, telefonisch ein Bett zu reservieren, allerdings muss man dafür spanisch können! Ob es sich lohnt, für ein sicheres Bett die Spontaneität des Weges, siehe oben, aufzugeben, muss jeder für sich selbst entscheiden.

Sicherheit auf dem Camino

Es scheint ja schon zum guten Ton zu gehören, dass jeder, der über seine Pilgerreise beschreibt, mindestens einen Angriff durch die ach so gefährlichen, spanischen Hunde berichtet ;-) Paulo Cuelho hat damit angefangen, Shirley

MacLaine musste auch ihren Senf dazu geben und Hape Kerkeling konnte das wirklich auch nicht verpassen. Wenigstens hat der Letztere nicht über 'Dämonenhunde' geschrieben ;-)

Meine Tipps dafür haben Sie ja schon am Anfang dieses Buches gelesen, hier nun dazu ein paar andere Punkte, über die sich viele Pilger, oft unnötig, Sorgen machen:

Aber wie sieht es nun wirklich mit der Sicherheit auf dem Camino aus? Muss sich der Pilger, und besonders die Pilgerin, fürchten, diesen allein zu gehen, oder nicht?

Ein Realitätsscheck: 2011 hat das Pilgerbureau in Santiago über 180 000 Pilger willkommen geheißen, die entweder zu Fuß, mit dem Fahrrad, zu Pferd, mit dem Esel oder im Rollstuhl gepilgert und in Santiago angekommen sind. Keiner glaubt, dass alle diese Pilger Engel sind, aber aber keiner sollte auch glauben, dass sie alle potentielle Übeltäter sind ;-)

Aus Erfahrung, als Pilgerin sowohl als Hospitalera als auch durch Gespräche mit anderen Pilgern und Hospitaleros haben mir über die Jahre den Eindruck gegeben, dass die Kriminalitätsrate auf dem Camino weit unter dem Durchschnitt einer deutschen, schweizerischen oder österreichischen Stadt liegt. Oder, um es anders auszudrücken, es kann gefährlicher sein auf dem Berliner Ku-Damm spazieren zu gehen, als auf dem Camino zu pilgern. All dieses gesagt, was sind nun die Hauptgefahren und wie kann man sich schützen?

Wichtig: Falls doch etwas passiert, die zentrale Notfall-Nummer ist auch in Spanien: 112!

Wilde Tiere

Theoretisch gibt es in Spanien Giftschlangen, Skorpione, Wölfe und Bären. Praktisch habe ich aber noch keinen Pilger getroffen, der Probleme mit den ersten beiden genannten hatte, oder die letzten beiden gesehen hat ;-) Und auch in den spanischen Zeitungen habe ich in den letzten Jahren nur von einer einzigen Pilgerin gelesen, die von einer Schlange gebissen wurde und deshalb ein paar Tage im Krankenhaus verbringen musste. Allerdings war sie auch direkt auf die Schlange drauf getreten, was dieser, verständlicherweise, nicht gefiel und sie aus Selbstverteidigung zubiss! **Gefahrenpotential**: Sehr nahe am Nullpunkt, trotzdem bitte aufpassen, wo man hintritt oder hinein fasst.

Krankheit

Leben ist immer lebensgefährlich und jedes Leben endet mit einem Todesfall ;-) Der Camino stellt für den gesunden Pilger kein besonderes Gesundheitsrisiko dar und die ein bis zwei Dutzend Todesfälle pro Jahr liegen unterhalb des statistischen Mittels in den Herkunftsländern der Pilger. Dies verglichen mit der Anzahl der Pilger auf dem Jakobsweg.

Häufigste Todesursachen unter Pilgern sind Verkehrsunfälle, wenn sie die Straße müde und ohne sich umzuschauen überqueren, und Herzinfarkt / Herzversagen, besonders bei großer Hitze und Überanstrengung. Wer sich nicht wohl fühlt, sollte also nicht weiter laufen, sondern eine Ruhepause, einen Ruhetag einlegen und im Zweifelsfall lieber zum Arzt gehen!

Wetter

Bergwetter kann schnell umschlagen, deshalb immer, besonders von Herbst bis Frühjahr, auf den Rat der Einheimischen hören. Die Pyrenäen im Winter von St. Jean Pie de Port auf dem Hochweg zu überqueren, ist zum Beispiel nicht angeraten!

Waldbrände

Waldbrände kommen leider in Spanien häufig vor, bedrohen aber normalerweise keine Pilger. Ich erwähne sie hier nur, um die lieben Raucher daran zu erinnern, mit ihren Kippen vorsichtig zu sein – vor allen in der trockenen Jahreszeit!

Diebstahl

Ein Schloss am Rucksack signalisiert potentiellen Dieben 'hier gibt es was Wertvolles zu stehlen'. Meistens machen sie sich dann keine Mühe mit dem Schloss, sondern schlitzen den Rucksack mit einem Messer auf – und finden dann eh nur dreckige Socken. Fazit: Nichts gestohlen, aber Rucksack kaputt!

Wertsachen immer, selbst beim Toilettengang und zum Duschen, in einer wasserfesten Tasche mitnehmen. Wer in der Gruppe unterwegs ist, oder Pilgerfreunde gemacht hat, kann in Schichten duschen gehen und die, die nicht duschen, ‚bewachen' die zurück gelassenen Rucksäcke. Auch nützlich, wenn es in der Nebensaison nur Unisex-Duschen gibt und man doch lieber gleichgeschlechtlich duschen möchte ;-)

Darauf achten, dass selbst teuere Ausrüstungsgegenstände nicht teuer aussehen, also dass Markenband der Kamera durch ein einfarbiges, namenloses ersetzen und das Apfel-

Logo des iPhones mit einem Sticker überkleben ;-).

Handy, vor allen Dingen teurere und oder solche, die Passwörter gespeichert haben, auch beim Aufladen immer im Auge behalten.

Wertsachen gehören nachts ans Fußende des Schlafsacks, welcher natürlich dann nicht ganz geöffnet werden sollte, sondern einen 'Beutel' im Fußbereich bildet.

Ein einfacher Drahtbügel kann in S-Form gebogen werden und dient dann zum sicheren Aufhängen des Wertsachen-Beutels in der Dusche.

Sicherheitskopien von wichtigen Papieren, die sich im Rucksack befinden, lieber in der Nähe „müffelnder“ Socken verstauen ;-)

Extratip: Wenn das Ladegerät in der letzten Herberge vergessen wurde, einfach den hospitalero in der nächsten fragen, meistens zeigt er einem dann einen ganzen Karton voll mit Ladegeräten, die von anderen Pilgern vergessen wurden ;-)

Trotzdem sollte man sich nicht verrückt machen! Die meisten 'Diebstähle' sind entweder verlegte, verlorene oder unter das Bett gefallene Besitztümer, oder sie kommen außerhalb der Herbergen vor. Besonders der Park um die Herberge in Burgos gilt als Jagdgrund für Taschendiebe.

Gesunder Menschenverstand, normale Vorsicht und keine übertriebene Angst sind die besten Vorsichtsmaßnahmen. Bedenken Sie auch, dass die Anreise, Santiago selbst und die Heimreise gefährlicher sein können, als der eigentliche Camino.

Camino-Füchse

Nein, nicht Meister Reinecke ist hier gemeint, Camino Füchse ist der Spitzname, den die Spanier denjenigen Menschen geben, die sich als Pilger verkleiden und, auf verschiedene Weise, versuchen, daraus Vorteile zu erschlagen. Auch hier gilt wieder, dass die Anzahl der 'schwarzen Schafe', verglichen und in Bezug zu den Pilgermassen, sehr gering ist!

Lassen Sie einfach den gesunden Menschenverstand walten und zeigen Sie zum Beispiel niemanden, wo Sie ihr Geld und ihre Geldkarten aufbewahren. Und wenn Ihnen mal ein Pilger begegnet, der sich darüber beklagt, dass ein Geldautomat seine Karte einbehalten habe, bieten Sie ihm lieber an, ihn zum Essen einzuladen, als ihm das Geld bis zum nächsten Automaten 'vorzustrecken'...

Exhibitionisten / Belästigung von Pilgerinnen

Es gibt vereinzelte Berichte über Exhibitionisten auf dem Camino, sehr vereinzelte! Die beste Verhaltensweise, wenn frau einem begegnet, ist ihn völlig zu ignorieren und entweder weiter oder zurück zu laufen und warten, bis man auf andere Pilger trifft, um in einer Gruppe dann weiter zu gehen. Und natürlich sollte auf jeden Fall die Polizei verständigt werden!

Zusammenfassung: Nochmals, auf 6000 Kilometern auf europäischen Pilgerwegen, ungefähr die Hälfte davon in Spanien und fast alle als Frau alleine unterwegs, ist mir von allem oben genannten nichts passiert ;-) Also bitte nicht verrückt machen lassen – der Jakobsweg ist nicht gefährlicher als ein Spaziergang in jeder x-beliebigen Stadt!

Nachdem Sie nun mehr über den Pilgeralltag und die verschiedenen Aspekte des Pilgerlebens wissen und entschieden haben, wann es auf welchen Weg gehen soll, geht's nun ans Eingemachte!

Ausrüstung

Sachen, die nichts wiegen ;-)

Das Planen und die Vorfreude auf eine Reise sind fast so schön, wie die Reise selbst! Wenn nun diese Vorbereitung noch hilft, dass eigene Pilgererlebnis zu verbessern, ist das noch besser. Hier ein paar Dinge, die Sie tun können und eins, das Sie vermeiden sollten.

Ein Besuch beim Zahnarzt / Hausarzt

Ein Besuch beim Zahnarzt, vor allen Dingen, wenn der letzte Kontrollbesuch schon länger zurückliegt, ist immer eine gute Idee! Stellen Sie sich vor, dass ein unerkanntes Loch im Zahn in der Mitte des Pilgerweges plötzlich Beschwerden macht! Zahnärzte in Spanien arbeiten auf dem selben hohen Niveau, wie Ihre Kollegen in Deutschland, sprechen aber selten deutsch und eine Behandlung muss auch meistens direkt bezahlt werden. Und die Abrechnung mit der Krankenkasse zu Hause, um die Auslagen wieder zu bekommen, kann kompliziert sein. Ein einfacher Kontrollbesuch, und eine eventuell notwendige Behandlung, beim eigenen Zahnarzt, kann alle diese Probleme verhindern.

Ähnliches gilt für den Besuch beim Hausarzt, vor allen Dingen, wenn Sie schon in der 'besseren Lebenshälfte' sind und / oder unter chronischen Krankheiten, oder Beschwerden leiden. Im letzteren Falle sollten Sie sich von ihm beraten lassen, wie Sie Probleme, die mit Ihrer bestimmten Gesundheitssituation zu tun haben, vermeiden können. Ohne hier zu detailliert zu werden, kann ich Ihnen versichern, dass jedes Jahr viele chronisch Kranke den Jakobsweg erfolgreich pilgern!

Erste Hilfe-Kenntnisse

Wann war Ihr letzter Erste-Hilfe Kurs? Sind Sie sich sicher, dass Sie noch wissen, wie eine stabile Seitenlage aussieht, oder eine Herz-Kreislauf-Reanimation ausgeführt wird? Einen Erste-Hilfe-Kurs zu besuchen, kostet nicht die Welt, kann aber Leben retten.

Oder Ihnen selbst unnötige Probleme ersparen, wenn Sie wissen, wie Sie Ihre eigenen, einfachen Verletzungen selbst versorgen können und nicht auf Andere angewiesen sind. Um einen Erste Hilfe Kurs in Ihrer Nähe zu finden, fragen Sie einfach Ihr örtliches Rotes Kreuz oder eine ähnliche Organisation.

Spanisch- und andere Sprachkenntnisse

Spanisch ist die Sprache der Menschen, die am Weg leben, aber die Lingua Franca unter den Pilgern selbst ist oft englisch. Die beste, und billigste, Methode Ihre Sprachkenntnisse zu verbessern, ist entweder ein Besuch eines Volkshochschulkurses, oder ein Austausch mit einem Muttersprachler, der sein deutsch verbessern möchte.

Körperliche Vorbereitung

Als Pilger zu Fuß nach Santiago zu laufen, heißt seinen Rucksack jeden Tag viele Kilometer zu schleppen. Wenn Sie das noch nie vorher gemacht haben, werden Ihnen die ersten Tage wie die Hölle vorkommen! Training baut nicht nur Ihre Muskeln auf, sondern erlaubt es Ihnen, auch Ihre Wanderschuhe einzulaufen und Ihre Ausrüstung zu testen. Fangen Sie langsam und mit einem leichten Rucksack an und steigern Sie Länge, Schwierigkeit und Dauer, bis Sie Ihren vollen Rucksack über 20 bis 25 Kilometer tragen können.

Extratip: Trainieren Sie auch Ihr Verdauungssystem ;-) Viele Pilger schreien 'Lebensmittelvergiftung', wenn es sich nur um eine Lebensmittelumstellung handelt. Die spanische Küche ist reich an Olivenöl, und die galicische reich an Schweinefett!, und da hat sich schon so mancher Pilgermagen drüber beschwert. Besorgen Sie sich ein Kochbuch, oder suchen Sie im Internet nach Rezepten, oder gehen Sie ab und zu mal zum Spanier um die Ecke. Es steigert die Vorfreude und hilft der Anpassung ;-)

Und auch das 'Trainieren' der Haut nicht vergessen! Eine gute Methode, einen Sonnenbrand zu vermeiden, ist die Haut schon zu Hause langsam vorzubräunen, bevor man unter der spanischen Sonne pilgert.

Pilgersegen

Der Camino beginnt zu Hause, und in der guten alten Zeit, bevor Züge, Busse und Flugzeuge erfunden waren, hieß das, dass der Pilger von zu Hause los lief und auch wieder nach Hause zurück lief. Oder wenigstens mit der Kutsche fuhr, oder auf dem Pferderücken ritt. Und eine solche Pilgerreise begann immer mit dem Segen des Gemeindepfarrers. Heute haben nur wenige Pilger die Zeit und das Geld, die Pilgerschaft so zu machen. Aber Pilgersegen sind vielerorts möglich. Sie müssen nicht mal römisch-katholisch sein, auch evangelische Pfarrer segnen! Fragen Sie einfach mal ihre örtliche Kirchengemeinde, oder Jakobsgesellschaft. Ein Beispiel-Text für einen traditionellen Pilgersegen befindet sich im Anhang dieses Buches.

Und was ist mit Nichtchristen? Keine Angst, jeder darf den Camino gehen, man muss dafür kein bestimmtes Glaubensbekenntnis haben! Nichtchristen steht es frei, ihr eigenes Aufbruchritual zu entwickeln, das könnte eine Abschiedsparty mit Freunden sein, oder ein selbstgestalteter Segen, den die Eltern oder nahe Freunde spenden.

Was jeder Pilger braucht

Was braucht welcher Pilger wirklich, was nur manche und was kann fast immer zu Hause bleiben? Diese Dinge werden hier zuerst genannt. Zwei Bemerkungen noch:

Richtwert: Bedeutet die Obergrenze, die ein Ausrüstungsgegenstand gewichtsmäßig wenn möglich, nicht überschreiten sollte. Ich gebe das nicht immer an, da es, zum Beispiel, wenig Unterschied im Gewicht der einzelnen Pilgerausweise gibt ;-) Wird also nur angegeben, wenn es ins Gewicht fällt ;-)

Spezifische Produkte / Marken: Bis auf wenige Ausnahmen gebe ich keine Empfehlungen für spezifische Produkte, oder Herstellermarken, stattdessen erkläre ich genau auf welche Punkte Sie beim Kauf achten sollten und welche weniger wichtig sind. Auf diese Weise hoffe ich zu erreichen, dass Sie das richtige Produkt für sich finden, anstatt einem Modetrend hinter her zu laufen.

Reiseführer

Dies ist wirklich das Ausrüstungsstück das man sich zuerst anschaffen sollte! Ein guter Reiseführer, ich empfehle die 'Jakobsweg Reihe' von Raimund Joos und Michael Kasper vom Conrad Stein Verlag. Diese enthalten nicht nur die Wegbeschreibungen und Karten, sondern auch Hinweise, wo es Wasser, Geschäfte, Restaurants und Bankautomaten gibt. Und, vielleicht sogar wichtiger, wo es sie nicht gibt! Wenn man sich für einen Pilgerweg entschieden hat, sollte der Reiseführer das erste sein, was gekauft wird, da alles andere viel klarer wird, wenn man sich 'eingelesen hat'.

Was mir besonders gut an den Jakobswegführern des Conrad Stein Verlages gefällt ist, dass sie keine Etappen vorschreiben, sondern einfach die Distanz zum nächsten Ort mit Unterkunftsmöglichkeit auflisten. So kann jeder entscheiden, ob es heute noch 5km mehr seien dürfen, oder nicht und seine eigenen Etappen gestalten, anstatt mit der Masse mitzulaufen. Der Weg ist gut beschildert, aber ein guter Führer ist wichtig, um zu wissen, ob es auf den nächsten 15km eine Wasserstelle gibt und / oder es im nächsten Ort eine Bankautomaten gibt oder nicht.

Extratips: Ist der gewählte Reiseführer auch als Kindle Ausgabe erhältlich und hat man ein geeignetes, modernes Handy, kann man sich von Amazon die kostenlose Kindle App auf diesem installieren und so den Reiseführer lesen und Gewicht sparen.

Seiten herausreißen tut dem Buchliebhaber weh, aber dem Gewicht des Rucksacks gut. Seiten des Reiseführers, die nicht zum Pilgern notwendig sind (allgemeine Information, Flora und Fauna etc.), sollte man daher vor dem Aufbruch entfernen, um Gewicht zu sparen. Manche Gewichtsfanatiker 'trimmen' sogar die Seitenränder ...

Menge: natürlich nur einen Reiseführer;-) Ich habe mal einen österreichischen Pilger getroffen, der vier verschiedene Jakobswegführer dabei hatte und sich trotzdem, oder vielleicht gerade deswegen?, mehrmals am Tag verlief ;-)

Richtwert-Gewicht: Mehr als 200g sollten es für einen gedruckten Führer nicht sein. Die virtuelle Ausgabe auf dem Handy wiegt natürlich nichts ;-)

Der Papierkram

Pilgerausweis

Diesen sollte man sich schon zu Hause besorgen, am besten bei einer der vielen Jakobsgesellschaften, Adressen im Anhang dieses Buches. In einfachen Worten ausgedrückt, bestätigt dieser 'Credencial' wie er so schön auf spanisch heißt, dass der Wanderer zum Pilger geworden ist. Und dieser Pilgerausweis berechtigt dann in den Pilgerherbergen zu übernachten, entweder gegen eine geringe Gebühr, oder gegen eine Spende.

Zwei wichtige Sachen zum Pilgerausweis, erstens die Pilgerherbergen sind, zumindest theoretisch, zuerst für die bedürftigsten (die müdesten) Pilger da. Und das heißt dann ganz praktisch, dass der Fußpilger Vorrang vor dem Radpilger hat und das ein Pilger, oder, besser gesagt, die

Mitglieder einer Pilgergruppe, die mit einem Begleitfahrzeug unterwegs sind, die geringste Chance auf ein Bett haben, besonders in der Hochsaison.

Der Pilgerausweis berechtigt nicht nur in Herbergen zu schlafen, sondern dient auch als Beweis, dass man wirklich auf dem Weg war und voller Stolz in Santiago de Compostela das Pilgerzertifikat 'Compostela' beantragen und bekommen kann. Es sollte da noch bemerkt werden, dass man diese nur bekommt, wenn man wenigstens die **letzten** 100km zur Kathedrale gelaufen, oder die letzten 200km geradelt ist. Einfach ein paar hundert Kilometer irgendwo auf dem Jakobsweg reichen nicht, es ist eine Pilgerschaft ZU einem Ort, dem Grab des Apostels Jakobus in Santiago de Compostela.

Jedes Jahr werden viele Pilger enttäuscht, dass sie deshalb keine Compostela bekommen, weil sie nur irgendein Stück auf dem Weg gelaufen sind, aber nicht aus eigener Kraft in Santiago angekommen sind. Außerdem sollte man sich auf den letzten 100 Kilometern den Pass zwei Mal täglich stempeln lassen. Ach ja, und als Grund muss 'religiös / spirituell' angegeben sein, schließlich ist die Compostela ja eine kirchliche Urkunde!

Obwohl man den Pilgerausweis auch in Spanien bekommen kann, sollte man sich wirklich diesen Stress nach diesem zu fahnden ersparen, und ihn schon von zu Hause mitbringen. Adressen der wichtigsten deutschsprachigen Jakobsgesellschaften, die ihn ausstellen, hier im Anhang. Bitte rechtzeitig bestellen, die Bearbeitung und Lieferung kann locker vier bis sechs Wochen dauern!

Wer, aus welchen Gründen auch immer, seinen Pilgerpass in Spanien bekommen möchte, oder einen neuen braucht, findet diesen normalerweise in allen typischen Startstellen des Caminos und auch in den größeren Städten / Herbergen. Wer dann ganz sicher gehen möchte, sollte sich vom eigenen Pfarrer ein Empfehlungsschreiben mitgeben lassen. Leider wird der Jakobsweg immer wieder als 'billiger Urlaub' angepriesen und manche spanischen Jakobsgesellschaften möchten jetzt schon einen Beweis dafür sehen, dass Sie ein Pilger und kein Billigtourist sind, wenn sie Ihnen einen Credencial ausstellen! Einen Beispiel-Text für ein solches Empfehlungsschreiben auf spanisch findet sich im Anhang.

Menge: Einer reicht zu Anfang, wenn der erste Pilgerpass voll ist, kann man leicht in Spanien einen weiteren bekommen.

Reisepass oder Personalausweis

Manchmal muss man sich nicht nur als Pilger, sondern auch als Bürger ausweisen ;-) deshalb den Personalausweis, oder Reisepass nicht vergessen und besser noch eine Kopie desselbigen mitnehmen und an einer anderen Stelle im Gepäck aufbewahren, als das Original. Ganz Schlaue machen das jetzt auch elektronisch und laden eine Kopie in die Internetwolke herunter (zum Beispiel an die eigene E-mail Adresse senden!) oder photographieren ihn mit der digitalen Kamera.

Menge: Einer, plus Fotokopie (an anderer Stelle aufbewahrt) und eventuell eine digitale Kopie.

Europäische Krankenversicherungskarte (EHIC)

Es ist noch gar nicht solange her, da wurden Pilger kostenlos in Spanien behandelt, wenn sie krank wurden, oder verletzt waren, aber mit dem Massenandrang hat sich das dann doch geändert. Deshalb unbedingt die Europäische Krankenversicherungskarte (EHIC), wenn man gesetzlich versichert ist, oder, wenn man privat versichert ist, sich genau erkundigen, wie eine eventuelle Behandlungskosten-Abrechnung abläuft.

Wer möchte, kann auch noch zusätzlich eine private Auslandskrankenversicherung, die den Krankenrücktransport aus dem Ausland einschließt, abschließen. Und auch hier gilt wieder, eine Sicherheitskopie der Papiere mitzunehmen, oder digital zu speichern ist immer klug!

Menge: Originale und Kopien.

Fahr- oder Flugscheine

Je nach dem, wie Sie die An und / oder Heimreise geplant haben, müssen Sie natürlich auch die entsprechenden Fahrscheine, oder Flugtickets dabei haben, wieder an Sicherheitskopien denken! Es ist auch wichtig zu wissen, ob Sie Ihren Heimflug ein paar Tage vorher bestätigen müssen, Telefonnummer der Fluggesellschaft deshalb nicht vergessen

Menge: Flugscheine, Fahrscheine und Reise- / Buchungsinformation plus Kopien.

Andere Papiere

Wer von Santiago aus mit dem Mietwagen weiter möchte, darf natürlich seinen Führerschein nicht vergessen. Und wer seinen Lieben Postkarten vom Weg versprochen hat, muss natürlich sein Adressbuch, entweder in elektronischer oder Papierform, dabei haben. Und zum Schluss braucht man noch eine Liste der wichtigsten Notrufnummern, zum Beispiel um eine verlorene Bankkarte sperren zu lassen. Denken Sie auch daran, Ihre wichtigsten Nummern und Passwörter wie Telefonnummern, Onlinebanking-Nummern/TANs, Email-Zugang usw. mitzunehmen.

Menge: Versuchen Sie soviel wie möglich zu kombinieren, in dem Sie, zum Beispiel alle Adressen und Telefonnummern auf Ihrem Handy speichern.

Extratip: Ein Handy, das solche vertrauliche Information enthält, sollte natürlich auch wieder mit einem starken Passwort geschützt sein ;-)

Dokumentenaufbewahrung

Die wichtigsten Dokumente müssen natürlich auch sicher, wasser- und schweißfest, aufbewahrt und diebstahlssicher unter der Kleidung transportiert werden. Es bewährt sich dafür entweder eine wasserdichte Gürtel- oder Brusttasche, die man auch in die Dusche mitnehmen kann. Und, wie gesagt, die Kopien an einem anderen Ort im Gepäck, oder als E-mail 'verstecken'.

Menge: Ein wasserdichter Brustbeutel, Bauchgurt oder Gürteltasche, plus ein paar Plastikhüllen, wie die für Dokumente für die Kopien.

Das liebe Geld und Pilgerbudget

Auch wenn eine Pilgerreise nicht teuer ist, etwas Geld muss man schon einplanen. Lang lebe der Euro! Als ich den Jakobsweg zum ersten Mal gelaufen bin, hatte jedes Land noch seine eigene Währung, Frankreich den Franc und Spanien die Peseten, heute ist das ja soviel einfacher!

Man sollte immer genug Bargeld haben, um 2 bis 3 Tage über die Runden zu kommen und für den Rest gibt's dann noch die Plastikkarten (EC oder Maestro Karte). Sollte man aber schon zwei verschiedene dabei haben, wenn man sich mal am spanischen Geldautomaten vertut, ist die Karte geschluckt und dann? Außerdem sollte man sich natürlich auch die Telefonnummern zum Karte-Sperren lassen mitnehmen und getrennt von der Karte aufbewahren! Reiseschecks und so weiter gehören der Vergangenheit an, Bargeld und Plastik ist Trumpf, auch auf dem Jakobsweg.

Wer einfach pilgert, das heißt in den offiziellen Herbergen schläft, Brotzeit am Wegesrand hält und sich nur ab und zu mal ein 'Pilger-Menü' in einem einfachen Restaurant gönnt, kommt locker mit 20 Euro, oder sogar weniger !, am Tag aus. Ach ja, informieren Sie auch in jedem Falle Ihre Bank von Ihrer geplanten Pilgerreise, wäre doch schade, wenn Ihnen die Karte wegen 'ungewöhnlicher Aktivität' aus Sicherheitsgründen gesperrt würde! Und fragen Sie nach, wie viel eine Geldabhebung im Ausland / bei anderen Banken mit der Karte an Gebühren kostet! So können Sie Geld sparen, indem Sie a) möglichst nur Bankautomaten einer Partnerbank benutzen und b) den Maximalbetrag für die niedrigste mögliche Gebühr abheben.

Menge: 60 bis 100 Euro an Bargeld (genug für ein paar Tage) und zwei Bankkarten. Telefonnummern zum Sperren nicht vergessen und getrennt aufbewahren!

Geldbeutel

Während Karten und größere Mengen Bargelds in den Sicherheitsbeutel gehören, braucht man ein kleines, leichtes Portemonnaie für den täglichen Geldbedarf. Manche Pilger bevorzugen hier eine große Gürteltasche, Känguru-Stil, die über der Kleidung getragen wird und noch weitere Kleinigkeiten wie Notizbuch, Stift, Handy, ein paar Müsli-Riegel usw. enthalten kann.

Menge: Eins, je kleiner und leichter, desto besser, oder eine größere Känguru Tasche, in die alles hinein passt, was man auf dem Weg greifbar haben will.

Der ideale Pilgerrucksack

Der Rucksack ist, zusammen mit den Schuhen, siehe unten, der wichtigste Ausrüstungsgegenstand des Pilgers! Er sollte bequem zu tragen und leicht sein, weder zu groß, noch zu klein sein und es ermöglichen, die eigene Habe gut zu organisieren. Gepolsterte Schulter und Hüftgurte und gute Rückenbelüftung sind auch sehr wichtig.

Aber am wichtigsten ist vielleicht, dass man sich den Rucksack persönlich aussucht und im Geschäft anprobiert, nicht leer, sondern beladen natürlich! Ein guter Outdoor-Laden wird das verstehen und ermöglichen.

Die Größe eines Rucksacks wird in Litern gemessen, 50l ist eine gute Durchschnittsgröße für den Jakobsweg. Wie groß der Rucksack nun wirklich sein muss, hängt von zwei Faktoren ab, Wetter und Geld. Wer im Winter unterwegs ist, muss natürlich mehr und wärmere Kleidung mitnehmen und wer sich nicht den letzten Schrei leisten kann, wenn es zu Schlafsäcken kommt, muss sich mit einem Rucksack begnügen, der ein größeres Volumen hat – aber auch mehr wiegt.

Deshalb ist es vielleicht am besten, sich erst die anderen Ausrüstungsgegenstände anzuschaffen und dann zu sehen, wie groß der Rucksack sein muss. Andere Punkte die man bedenken sollte:

- Hat der Rucksack einen eingebauten Regenschutz?
- Wie viele Abteile und Taschen stehen zur Verfügung?
- Es gibt jetzt spezielle Frauenrucksäcke, da Frauen im allgemeinen eine kürzere Rückenlänge als Männer haben.
- Kann man den Kopf frei bewegen, oder ragt der Rucksack so hoch, und hat keine Kopfmulde, dass er die Beweglichkeit und Sicht einschränkt?
- Lässt sich der Deckel abnehmen und als Tagesrucksack verwenden?

Das letztere ist besonders praktisch, wenn man sich in der Stadt umsehen möchte und seinen großen Rucksack in der Herberge lassen will. Falls der Rucksack diese Möglichkeit nicht bietet, kann man eine ganz leichte Stofftasche zu diesem Zweck mitnehmen und benutzen.

Und zum guten Schluss, Rucksäcke haben auch ein Eigengewicht, das man nicht unterschätzen sollte. Ein Wort zur Warnung: Manche Bücher / Webseiten empfehlen einen leichteren, oft nur ein halbes Kilo wiegenden, 35 Liter

Rucksack ohne Hüftgurt zu wählen. Ein guter Rucksack 'trägt sich von selbst', aber dazu braucht man unbedingt den Hüftgurt, sonst schneiden die Schultergurte doch ganz schön ein und das eingesparte Gewicht wird das nicht ausgleichen!

Menge: Einer, plus, wenn dieser keinen integrierten Tagesrucksack hat, eine leichte, einfache Stofftasche.

Richtwert-Gewicht: 50l Rucksäcke müssen nicht schwer sein, halten Sie nach einem Modell Ausschau, das weniger als 2kg wiegt.

Schlafsack

Selbst im Sommer kann es nachts auf Teilen des Jakobsweges kalt werden! Und im Sommer kann es auch vorkommen, dass die Herbergen so überfüllt sind, dass einem nur ein Platz in der Kirchenpforte angeboten wird ;-) Und wenn Sie in der Nebensaison, oder sogar im Winter, unterwegs sind, müssen Sie auch wissen, dass nicht alle Herbergen über Zentralheizung verfügen. Ein guter Schlafsack gehört also immer ins Pilgergepäck! Einzige Ausnahme: Wenn Sie von Anfang an wissen, dass Sie nur in Hotels und Pensionen, aber nie in Pilgerherbergen absteigen werden.

Was macht einen guten Schlafsack aus?

Er ist warm, kann aber ganz geöffnet werden und als Decke dienen, wenn es zu warm ist, ist leicht und kann kompakt verpackt werden. Leider sind solche Schlafsäcke, die alle vier Bedingungen erfüllen, oft teuer. Wer einen guten Schlafsack findet, der die ersten drei Bedingungen erfüllt, sollte sich die Anschaffung eines Kompressionspacksackes überlegen, um die letzte Bedingung zu erfüllen.

Extratip: Der Packsack des Schlafsacks kann, mit Kleidung gefüllt, nachts als Kopfkissen dienen! Das beugt Nackenbeschwerden vor ;-)

Stellen Sie sicher, dass der Schlafsack lang genug ist, so dass Sie sich ganz ausstrecken können und trotzdem noch im warmen liegen - und ganz zugedeckt sind.

Material: Daunen bieten die beste Wärmeisolierung und sind leicht, ihr Nachteil ist, dass sie, wenn nass oder feucht, schnell 'klumpen' und so die Isolierung nicht mehr gewährleistet ist. Außerdem sind Daunenschlafsäcke teurer als die, die mit Kunststofffasern gefüllt sind. Die letzteren sind nicht nur billiger, sondern trocknen auch schneller, wenn der Schlafsack mal aus Versehen (Regen!) nass wird. Außerdem vertragen sie das ständige Auspacken und Komprimieren zum wieder Einpacken besser. Die Daunen haben das nicht so gerne, die können brechen, wenn der Schlafsack zu sehr komprimiert wird. Für den Jakobsweg würde ich deshalb einen guten Schlafsack, der mit Kunststofffasern gefüllt ist, einem Daunenschlafsack vorziehen.

Notwendiger Temperaturbereich (Komfortbereich)

In der warmen Jahreszeit (Mai bis September) ist ein Schlafsack mit einer Komforttemperatur von 10C auf den meisten Wegen ausreichend. In der kalten Jahreszeit und besonders, wenn man auf dem Nordweg pilgert, ist ein Komfortbereich von 0C, oder darunter, besser.

Schlafsackform

Grob gesprochen kommen Schlafsäcke in zwei Formen vor, als „Mumienschlafsack“ oder als rechteckiger

Deckenschlafsack. Im Sommer ist der letztere vorzuziehen, in der kalten Jahreszeit der „Mumienschlafsack“, da er enger am Körper anliegt und so besser isoliert.

Ein Wort zu Innenschlafsäcken: Die Idee ist, einen inneren Schlafsack zu haben, der oft gewaschen und schnell getrocknet werden kann. Dies hört sich toll an, aber im Pilgerrucksack zählt jedes Gramm! Wer nur ein paar Wochen unterwegs ist, kann auf diesen Luxus verzichten, wer länger unterwegs ist, kann es sich überlegen ;-)

Menge: Ein Schlafsack plus Hülle, oder Kompressionssack, der mit Kleidung gefüllt nachts als Kopfkissen dient.

Richtwert-Gewicht: Ein guter Schlafsack sollte nicht mehr als ein Kilo wiegen, besser weniger!

Wasserbehälter

Ich schreibe hier mit Absicht nicht 'Wasserflasche' und sicher nicht 'Wasserbeutel' oder 'Trinksystem', von dem halte ich nämlich gar nichts. Die beste Lösung ist, meiner Erfahrung nach, eine einfache, klare Plastikflasche. Ja genau, so eine 1,5 l Cola-Flasche meine ich!

Warum keine Thermosflasche? Hört sich ja klasse an, im Sommer bleiben Getränke kühl und im Winter heiß, aber ehrlich gesagt, die Dinger sind viel zu schwer! Nur wer im tiefsten Winter unterwegs ist, dem würde ich eine solche empfehlen. Am Morgen sollte sie dann mit heißem, gesüßten Tee oder Kaffee gefüllt werden, das hilft warm zu bleiben.

Und die Wasserbehälter, die im Rucksack, auf dem Rücken getragen werden, auch Kamelbeutel genannt, und aus denen man, mit Hilfe eines Schlauches trinken kann, ohne anhalten zu müssen, sind meiner Meinung nach für eine Menge von

Lebensmittelvergiftungen unter Pilgern jedes Jahr verantwortlich, einfach weil sie sich so schwer reinigen lassen und die Krankheitserreger in der Hitze gedeihen.

Außerdem haben diese Trinksysteme noch zwei weitere Nachteile: Es ist schwer abzuschätzen, wie viel Wasser man noch übrig hat, und das Nachfüllen am Brunnen oder in einer netten Bar gestattet sich oft schwierig.

So, was ist nun die Alternative? Ganz einfach eine Plastikflasche mit Schraubverschluss! Ja, genau diese in der Cola und Fanta verkauft werden, am idealsten ist die 1,5l Größe! Leicht zu reinigen, wiegt fast nichts, und leicht zu ersetzen. Und wenn ein besonders langer, wasserloser Streckenabschnitt bevorsteht, kauft man sich einfach am Tag vorher eine zweite Flasche Fanta im Dorfladen. Das schmeckt abends gut, die Muskeln brauchen Zucker nach der Anstrengung des Tages, und am nächsten Morgen dient die leere Fanta-Flasche dann als zusätzliche Wasserflasche.

Und wer etwas ganz besonderes haben will, baut sich seine eigene, 'lightweight' Thermosflasche. Das geht ganz einfach: Zuerst wird Plastikflasche mit Alufolie umwickelt, die eng an die Flasche angedrückt wird, zwei bis drei Lagen reichen schon aus. Dann wird die ganze Flasche nochmals in Zeitungspapier gewickelt, dass sollten so sechs bis acht Lagen sein. Dieses wird dann mit einem breiten, durchsichtigen Klebeband (Tesa) an Ort und Stelle gehalten. Die ganze Flasche ist damit umwickelt.

Wer künstlerisch veranlagt ist, kann die letzte Lage Zeitungspapier mit weisßem oder farbigen Papier ersetzen und es nach Herzenslust dekorieren! So kann man sich seine ganz persönliche Thermosflasche für den Camino herstellen.

Es kostet wenig, wiegt noch weniger und wird sicher die Bewunderung vieler Pilgerkameraden hervorrufen.

Die Wasserflasche sollte übrigens so getragen werden, dass sie auch ohne abnehmen des Rucksacks schnell zugänglich ist, also in der unteren Außentasche oder im Bauchgurt.

Menge: Eine leere 1,5 l Plastikflasche von zu Hause mitbringen oder, besser noch, bei der Ankunft in Spanien kaufen. Bei Bedarf kann eine zweite Flasche später leicht erstanden werden.

Körperpflege

Eine Schraubflasche mit Seife, die als Duschgel, Shampoo und Waschmittel dient, Zahnbürste und Zahnpasta, ein kleiner Kamm oder eine kleine Bürste, Sonnencreme, die auch als allgemeine Hautcreme benutzt werden kann, und Hirschtalg oder ähnliches zur Fußpflege, das ist schon alles, was mit muss.

Alles was flüssig ist in Schraubflaschen umfüllen, Schnappverschlüsse können leicht aufgehen, und wer schon mal erlebt hat, was eine Ladung Shampoo im Rucksack anrichten kann ... Wer fliegt, sollte auch die 100ml-Regel bedenken. Kleine Mengen reichen aus, man braucht viel weniger Duschgel, als man glaubt, und wenn etwas leer ist, kann man es einfach nachkaufen.

Wer weiß, dass er leicht am 'bösen Wolf“' leidet, sollte auch eine kleine Dose 'Penaten®' oder 'Bübchen®' Creme mitnehmen. Von Puder in aller Form muss dagegen abgeraten werde. Das klumpt schnell, wenn es feucht wird, (Schweiß!) und reibt dann schnell die Haut wund.

Extratips: Wenn nur große Flaschen in Spanien erhältlich sind, den restlichen Inhalt mit anderen Pilgern teilen, oder in der Herberge für die nächsten Pilger zurück lassen.

Wer mit einem Freund / Partner pilgert, kann vieles teilen. Verschiedene Duschgels für Männer und Frauen sind mehr ein Marketing Trick, als eine Lebensnotwendigkeit ;-)

Manche Pilger nehmen einen Deo-Stift mit, Tatsache ist, dass sich der Körper, nach ein paar Tagen selbst reguliert. Probieren Sie es einfach mal zu Hause aus – jedes Gramm weniger macht den Jakobsweg leichter!

Kosmetik und Make-Up

****Pilger Anekdote****

Dieselbe brasilianische Pilgerin, die ich am Anfang erwähnt habe, die mit den sieben verschiedenfarbigen Regenausrüstungen, hatte 'natürlich' auch Make-Up und ihre Lieblingskosmetik dabei, einschließlich verschiedener Cremes für Tag und Nacht ;-) Das wäre ja nicht zu schlimm gewesen, aber leider waren alle diese Cremes in schweren Glasgefäßen verpackt …

***

Wie schon erwähnt, eine einzige Creme, die auch als Sonnenschutz wirkt, reicht völlig aus. Und Make-up ist wirklich unnötig auf dem Camino, dieser ist ja schliesßlich keine Mode Show! Einzige Ausnahme: medizinische Hautcreme und medizinisches Make-up für Menschen mit Hautkrankheiten.

Nagelschere oder -knipser

Die Nagelschere kann auch als Verbandsschere, zum Öffnen von Verpackungen, Nähfädenschneiden usw. dienen. Mit ein bisschen Übung, kann man fast all dies auch mit dem Nagelknipser hinbekommen. Pflaster schneiden vielleicht ausgenommen. Fußnägel wachsen schnell und sollten, um Blasen und Reibstellen vorzubeugen, auf dem Weg möglichst kurz gehalten werden.

Extratip: Wer möchte, kann vor dem Weg eine Fußpflegerin besuchen, um die Füße 'Jabobsweg-bereit' zu machen. Aber unbedingt sagen, dass man auf eine Langstrecken-Wanderung aufbricht, damit nicht zu viel Hornhaut entfernt wird.

Rasierzeug

Pilger, die sich keinen Bart wachsen lassen möchten, oder können, sollten sich überlegen, den elektrischen Rasierapparat zu Hause zu lassen und auf Nassrasur umzusteigen. Es heißt weniger Gewicht und macht unabhängiger von Steckdosen.

Müllsack

Nein, nicht als Notfall-Regenschutz für den Pilger, obwohl das auch funktioniert!, sondern als zusätzlicher Regenschutz für Ihre Ausrüstung! Ein fester, stabiler und großer Müllsack sollte als erstes in den Rucksack eingelegt werden. Dieser schützt dann ihre Habseligkeiten vor Wasserschäden.

Wer in einer nassen Jahreszeit unterwegs ist, sollte auch seinen Schlafsack nochmals extra in einen zweiten Müllsack einwickeln. Es gibt nichts Schlimmeres, als bei schlechtem Wetter endlich in der Herberge anzukommen und festzustellen, dass der Schlafsack trieft!

Menge: Ein großer (ein paar Liter mehr als der Rucksack) möglichst fester Müllsack plus, eventuell, ein kleinerer für den Schlafsack.

Schuhe, Sandalen oder ???

Ein anderer Ausrüstungsgegenstand, der so früh wie möglich gekauft werden sollte!

****Pilger-Anekdote****

Ich erinnere mich noch immer mit Schaudern an eine Gruppe italienischer Seminaristen, die ihre Pilgerschaft in O Cebreiro begann und ihre Schuhe erst da aus dem Schuhkarton nahm. Nigel-nagel-neue Schuhe und am nächsten Tag hatten die armen Jungen einen der fiesesten Abstiege des Weges zu bewältigen! Die Blasen die sie hatten, möchte ich mir lieber nicht vorstellen!

***

So, welche Schuhe sind nun die besten Pilgerschuhe?

Wie immer hängt das vom Pilger, vom gewählten Weg und von der Reisezeit ab. Wer weiß, dass er zu verstauchten Knöcheln neigt, sollte sich Schuhe anschaffen, die diese sicher stützen. Wer dagegen hier keine Probleme hat, kann Schuhe tragen, die nicht über den Knöchel reichen. Wer in der Nebensaison, oder im Winter, unterwegs ist, braucht natürlich wärmere Schuhe, als jemand, der im Sommer pilgert.

Als Materialien kommen GoreTex (wasserdicht und atmungsaktiv), Leder oder eine Kombination derselben und anderer Materialien in Frage. Und nicht das Gewicht vergessen! Leider gilt auch hier wieder, teuer ist oft besser! Ich empfehle normalerweise keine Marken und Modelle, aber die Firma Lowa stellt mit ihren 'Renegade GTX' Modellen Schuhe her, die viele Pilger, mich eingeschlossen, begeistern!

Trainer, als einzige Schuhe, sind für den Camino übrigens nicht geeignet, aus mehreren Gründen: Sie sind nicht wasserdicht, sie bieten keine Unterstützung des Knöchels und sie haben oft ein zu schwaches und zu dünnes Sohlenprofil.

Extratip: Schuhe immer am Nachmittag anprobieren und kaufen, da die Füße während des Tages anschwellen. Und natürlich die Socken tragen, die man auch später auf dem Camino tragen wird. Und wer Einlagen braucht, sollte die natürlich auch mitnehmen!

Menge: Ein Paar leichte, gute, wasserfeste und atmungsaktive Wanderschuhe.

Richtwert-Gewicht: Bitte die Berg- oder Springstiefel zu Hause lassen, ein gutes Paar Wanderschuhe sollte nicht mehr als 750-1000g wiegen (hängt natürlich von der Schuhgröße ab ;-))

Sandalen oder Crogs

Sandalen erfüllen zwei Zwecke für den Pilger. Man kann in ihnen, wenn es nicht regnet, viele Abschnitte des Weges bequem laufen. Und in der Herberge erlauben sie es den Füßen, sich zu entspannen. Wer weiß, dass er nicht in ihnen pilgern wird, kann sich mit ultraleichten Flip-Flops oder Schlappen begnügen.

Wer Sie auch auf dem Weg tragen will, sollte in gute Wandersandalen mit ausreichend dicken Sohlen investieren! Besonders empfehlenswert sind die, die eine geschlossene Schuhspitze haben, da so Steine nicht so leicht eindringen können. Wer im Winter unterwegs ist, sollte bedenken, dass viele Herbergen nicht über eine Zentralheizung verfügen. Daher lieber Sandalen mit einer dickeren Sohle wählen (Isolierung gegen kalte Fußböden auf dem Weg zur Toilette oder Dusche).

Zehenschuhe

Zehenschuhe®, wie die Modelle der Firma Vibram®, oder andere Barfußschuhe sind ein relativ neuer Trend. Es sind einfach gesagt 'Handschuhe' für die Füße, die ein geschütztes Barfußlaufen ermöglichen. Einige wenige Pilger laufen jedes Jahr den Jakobsweg ausschließlich in diesen. Man sollte aber bedenken, dass diese Zehenschuhe keine Knöchelunterstützung bieten, nur wenige Modelle wirklich wasserfest sind, spezielle Zehensocken gebraucht werden und ein neues Laufverhalten gelernt werden muss, um diese Schuhe wirklich bequem zu finden. Andererseits sind sie sehr leicht und bequem, wenn man sich an sie gewöhnt hat.

Sie sind vielleicht am besten im Sommer als Alternative zu den schweren Wandersandalen geeignet. Wer noch nie mit Zehenschuhen und Rucksack unterwegs war, sollte es unbedingt vorher zu Hause ausprobieren und ein Modell wählen, das dicke Sohlen (Stoßdämpfung!) hat. Web-Adresse im Anhang, so dass Sie sich ein Bild machen können.

Ganz Barfuß laufen

****Pilger-Anekdote****

Baudoin kam von Belgien angelaufen, zu 'Barfuß' so zu sagen, den ganzen Weg und im Januar! Was wirklich erstaunlich war, war dass seine Füße in tip-top Form waren, während seine Hände leichte Frostschäden aufwiesen...

***

Allerdings muss ich sagen, dass ich mehr Pilger getroffen habe, die versuchten Barfuß zu laufen und sich dann Schuhe kauften, als umgekehrt! Zu bedenken sind hier die erhöhte Verletzungsgefahren durch Steine, Scherben und Ähnliches und die völlig fehlende Knöchelunterstützung. Wirklich nur für die geeignet, die eh seit Jahren Barfuß leben und gehen, auf allen Wegen und in allen Jahreszeiten.

Menge: Sommer: Entweder ein Paar superleichte Flip-Flops für die Herberge und Dusche ODER wenn man in ihnen auch pilgern will, und im Winter ein paar gute Wandersandalen, oder Zehenschuhe mit dicken Sohlen für Weg und Herberge.

Richtwert-Gewicht: Flip-Flops, Turn- oder Ballettschlappen kann man schon unter 100g finden, gute Wandersandalen fallen schon mal mit mehreren hundert Gramm ins Gewicht und Zehenschuhe liegen dazwischen.

Kleidung

****Pilger-Anekdote****

Als ich als Herbergsmutter in Sano Doming de la Calzada war, kam eines Nachmittags ein Nachbar vorbei und fragte mich, ob er mit mir seine Packliste durchgehen könnte, da er bald selber auf den Camino aufbrechen würde. Natürlich, gerne doch, kein Problem. Und so fing er dann an:

'30 pares de calcetines …' - 'Dreißig Paar Socken'

Huch??? Ein bisschen nachfragen und ja, der meinte wirklich dreißig Paar Socken, wenn einige Paare schmutzig waren, würde er sie nach Hause, zur Göttergattin schicken. Na ja, die hätte sich sicher über diese Pakete gefreut ;-) Zwei Stunden später hatten wir dann seine Packliste im Griff und seine Ehe gerettet ;-)

***

Das Zwiebelschalen-System

Das Zwiebelschalen-System ist wirklich der beste Freund des Pilgers! Selbst im Frühjahr und Herbst kann es tagsüber warm genug sein, um im T-Shirt zu pilgern und am Abend, vor allen in den Bergen, kalt genug, dass man einen Pullover, oder besser, eine Jacke braucht.

Regenschutz

Poncho, Regenhose und Gamaschen – was braucht man wirklich? Ich empfehle zumindest einen guten, reißfesten Poncho, der über den Rucksack reicht. Wenn Sie in einer Jahreszeit unterwegs sind, in der Regen selten vorkommt, reicht dieser meiner Erfahrung nach völlig aus.

Im Frühjahr und Herbst kann es, vor allen Dingen in Galicien, tagelang ohne Unterbrechung regnen. Dann sind eine Regenhose und Gamaschen ihr Gewicht in Gold wert, da sie verhindern, dass Wasser von oben in die, hoffentlich wasserfesten, Schuhe eindringt. Ach ja, Regenschirm kann man zu Hause lassen! Regen und Wind gehen in Spanien so oft zusammen, dass er nichts nützt!

Außerdem kann die Regenkleidung selbst bei kaltem, trockenen Wetter nützlich sein, als Windschutz, und bei Schnee verhindert sie auch, dass sich der Schnee auf dem Pilger festsetzt und taut!

Warum keine Regenjacke? Die kurze Antwort auf diese Frage ist: Schultergurte! Eine Regenjacke schützt den Pilger schon, einen separaten Regenschutz gibt es auch für Rucksäcke, aber selbst dieser schützt nicht die Schultergurte die, bei genügend schwerem Regen, dann als Eintrittspforte (Dochteffekt!) fürs Wasser dienen können.

Um zu vermeiden, dass sich der Regenponcho im Wind zu sehr aufbläht, einfach eine Schnur als Gürtel verwenden, dieselbe Schnur, die abends dann als Wäscheleine dient – Mehrzweckverwendung der Ausrüstungsgegenstände, schon vergessen? ;-)

Menge: Ein guter, stabiler, wasserdichter aber atmungsaktiver Regenponcho der Pilger und Rucksack bedeckt und, wenn viel Regen in der Jahreszeit zu erwarten ist, eine Regenhose und Regengamaschen, oder besser noch eine Regenhose MIT eingebauten Gamaschen.

Pilgersocken

Die richtigen Socken sind vielleicht die wichtigste, zusammen mit gut eingelaufenen Schuhen, Vorbeugungsmassnahme gegen Blasen. Mein eigenes System besteht darin, zuerst meine Füße richtig dick mit Hirschtalg einzucremen, dann ein Paar sehr dünne Bambus- oder Baumwollsocken, die absolut nahtfrei seien müssen, und dann ein Paar gut gepolsterte, ebenfalls nahtfreie, Wandersocken darüber zu ziehen.

So kann ich erreichen, dass die Bewegung des Fußes beim Laufen in die Reibung zwischen den Socken umgesetzt wird, aber nichts gegen die Haut reibt. Die besten Blasen sind die, die man nicht bekommt. Wer die Ein-Paar-Socken-Methode vorzieht, sollte auf jeden Fall darauf achten, dass die Socken gut gepolstert, anatomisch korrekt, atmungsaktiv, nahtfrei und schnell trocknend sind.

Extratip: Viele erfahrene Pilger und Langstreckenwanderer vermeiden es, ihre äußeren oder, beim Ein-Paar-Socken-System, einzigen Wandersocken zu waschen, da sie sich über Zeit den Füßen anpassen. Frisch gewaschene Socken dagegen entziehender Haut ihr Fett und machen sie so trockener und empfindlicher.

Aber bitte, Socken und Schuhe dann außerhalb des Schlafraums aufbewahren ;-) Die inneren Socken, wenn das Zwei-Socken-System benutzt wird, sollten natürlich täglich gewechselt und gewaschen werden. Die Fußcreme sorgt schon dafür, dass die Haut gut eingefettet bleibt.

Menge: Entweder drei Paar dünne, feine Socken aus einem natürlichen Material wie Bambus oder Baumwolle und drei Paar Wandersocken, oder nur drei Paar Wandersocken. Alle

Socken müssen absolut nahtfrei und anatomisch korrekt (rechts / links Socken).

Unterwäsche

Die geliebte Baumwolle gehört nicht auf den Camino! Sie trocknet zu langsam und hält Feuchtigkeit nicht vom Körper fern - fehlende Dochtwirkung. Sogernannte Funktionsunterwäsche ist nicht zu teuer, trocknet schneller und leitet Schweiß vom Körper weg und beugt so Unterkühlung und Muskelverspannungen vor. Extra Unterhemden braucht man übrigens auch nur im tiefsten Winter, wenn es sonst mal zu kalt ist, kann ein T-shirt (siehe unten) mehr angezogen werden.

Extratips: Bei der Farbenauswahl bedenken, ob die Unterwäsche auch als Notfall-Badebekleidung dienen kann.

Frauen sollten einen gut sitzenden Büstenhalter mit breiten Gurten wählen. Stellen Sie sicher, das sich die Schultergurte von Rucksack und Büstenhalter gut vertragen und nicht drücken.

Menge: Drei Unterhosen plus, für Frauen ein bis zwei (je nach Eitelkeit ;-)) bequeme Sport-BHs. Im Winter zusätzlich zwei warme (Ski-) Unterhemden.

Hosen und Röcke

Jeans sind zu schwer, trocknen zu langsam und haben zu wenig Taschen. Besser bedient ist der Pilger mit so genannten Outdoor- oder Trekking-Hosen, vorzugsweise mit abnehmbaren Beinen. Diese sind aus neuen, leichten und schnelltrocknenden Materialien hergestellt und haben ausreichend (und verschließbare) Taschen für die wichtigen Dinge des Pilgerlebens, wie Taschenmesser und Pilgerführer.

Für Frauen ist es vielleicht eine gute Idee, sich einen, sehr leichten, zum Beispiel aus Seide gemachten, Rock mitzunehmen für abends und / oder für den Ruhetag, den man sich sowieso von Zeit zu Zeit gönnen sollte.

Extratip: Spanier sind an Pilger gewöhnt, schätzen es aber trotzdem, wenn diese eine lange Hose, oder Rock, und ein T-Shirt, das die Schultern bedeckt, zum Kirchenbesuch tragen.

Hat man Hosen mit abnehmbaren Beinen dabei, muss man oft nicht die ganze Hose waschen, sondern nur die Hosenbeine ;-)

Menge: Zwei Wander- oder Trekking-Hosen mit abnehmbaren Beinen und für Frauen eventuell zusätzlich einen wirklich sehr leichten Rock.

T-Shirts

Ein T-Shirt dient dem Pilger als Unterhemd, Nachthemd und natürlich auch als T-Shirt. Auch hier sind moderne Fasern der traditionellen Baumwolle vorzuziehen. Helle Farben sind besser im Sommer, da Sie sich etwas langsamer aufheizen. Im Winter, oder im Frühjahr und Herbst auf den Nordwegen sollte ein oder zwei dieser T-Shirts langärmelig sein. Der 'Tagesablauf eines T-Shirts' sieht bei mir so aus: In der Herberge ankommen, Pilger und Wäsche waschen, frische Wäsche anziehen, Sozialleben genießen, im selben T-Shirt (und im Winter manchmal auch in der selben Hose) schlafen und morgens in ihm auch wieder los laufen.

T-Shirts sollten ein bis zwei Größen größer als normal gekauft werden, nicht am Körper anliegen, sondern das Bilden einer isolierenden Luftschicht ermöglichen. Das hilft im Sommer wie im Winter.

Ach ja, kurzärmelig heißt hier, dass trotzdem mindestens die Schultern, besser noch die Oberarme bedeckt sind. Das hilft vor Sonnenbrand zu schützen. Wer mal dort einen Sonnenbrand hatte und versucht hat, den Rucksack zu schultern weiß wovon ich spreche ...

Menge: Drei T-Shirts, im Sommer kurzärmelig, im Winter und auf den Nordwegen zwei davon langärmelig.

Pullover und Jacke

Ein leichter Pullover und oder eine Jacke, am besten aus Flies, die winddicht und wasserabweisend sind, ist auch im Sommer zu empfehlen. Ob man beides, oder nur eines braucht, hängt von der Reisezeit ab. Wer im tiefsten Winter unterwegs ist, braucht beides, aber sonst reicht die Jacke aus.

Winterkleidung

Wer in der kalten Jahreszeit unterwegs ist, sollte eine warme Mütze und die, winddichten!, Handschuhe nicht vergessen. Ein Schal ist normalerweise nicht nötig, vor allem wenn man einen Rollkragenpullover dabei hat. Manche Pilger schwören auch auf eine so genannte Sturmhaube, oder eine Bandana, um das Gesicht vor kaltem Wind zu schützen.

Mehrzweck-Handtuch (Pareo)

Viele schwören nun auf diese supersaugfähigen Mikrofaser-Handtücher. Ich muss sagen, ich habe diese ausprobiert und bin nicht so begeistert. Ich ziehe es vor, ein großes, aber sehr dünnes Baumwolltuch dabei zu haben. Es ist 1x2m groß, wiegt unter 100g und war ursprünglich als Pareo (Strandtuch) gedacht. Es dient nicht nur als Handtuch, sondern kann auch als Schal, extra Sonnenschutz, sehr leichte Sommerdecke, Rock oder Kleid und, richtig geknotet, als Notfall Badeanzug dienen. Beim Kauf darauf achten, dass das Tuch eine hohen Baumwollanteil hat (gute Saugfähigkeit) und dünn ist (erlaubt schnelles Trocknen).

Menge: Eins.

Richtwert-Gewicht: 100 Gramm oder weniger.

Hut und / oder Mütze

Ein guter Hut kann vor Sonne und Regen schützen, er sollte faltbar oder rollbar sein, um ihn im Rucksack verstauen zu können, eine breite Krempe und eine helle Farbe haben, die Luftzirkulation erlauben und ein Kinnband haben. Im Winter, wenn die Sonne schwächer, aber der Wind stärker und die Temperaturen tiefer sind, ist eine Mütze oder Sturmhaube besser.

Menge: Eine(r) reicht ;-)

Was Radpilger bedenken sollten

Es gibt zwei Weisen, wie sich Radpilger anziehen. Die erste unterscheidet sich nicht viel von der Kleidung, die ein Fußpilger trägt und wird oft vom mehr 'gemütlichen' Typ bevorzugt. Die zweite besteht aus moderner, aerodynamischer und gepolsterter Spezialkleidung, wie man sie auf der Tour de France finden könnte. Die letzteren sollten bedenken, das diese Art der Kleidung nicht wirklich angemessen ist, sobald man vom Drahtesel herunter steigt, und sollten deshalb ein Set von Straßenkleidung, lange Hose und T-Shirt, einpacken, um ins Dorf einkaufen, zur Kirche und / oder essen zu gehen, die Nachbarn am Weg werden es danken ;-)

Erste Hilfe & Blasen

Was in den Erste Hilfe Beutel gehört, hängt davon ab, wie gut Sie sich mit Erster Hilfe auskennen und was Ihre eigenen, körperlichen, Schwachstellen sind. Auch hier gilt, Spanien hat Apotheken und außerdem ein exzellentes System von Polikliniken, also wirklich nur das Notwendigste mitnehmen und Verbrauchtes bei Bedarf nach kaufen. Ein einfacher Erste-Hilfe-Kasten oder Beutel kann aus dem folgenden bestehen:

- Hansaplast oder Leukotape Sport breit: 1 Rolle
- Leucopor oder Micropore breit ('Papierpflaster'): I Rolle
- Breite Pflaster können bei Bedarf schnell geteilt werden ;-)
- Elastische Binde: 1
- Desinfektionsmittel oder Alkohol: 1 kleines Fläschchen
- Sterile Tupfer: 5-10
- ein paar Schmerztabletten
- Medikamente, die sowieso regelmäßig eingenommen werden müssen
- 2-3 Beutelchen mit Elektrolyt Pulver

- sterile (Injektions-) Nadeln, um Blasen aufzustechen: 2-3
- 2-3 mit Jodsalbe gefüllte Spritzen (siehe weiter unten)
- ein paar Schnellpflaster
- eventuell ein paar Compeed Pflaster, siehe unten
- bei Bedarf ein paar Silikon-Gel-Zehenkappen

Ein Wort für pilgernde Krankenschwestern, Ärzte und andere medizinische Fachleute: Natürlich ist die Versuchung groß, einen 'richtigen' Verbands- und Erste-Hilfe-Kasten mitzunehmen. Kämpfen Sie gegen diese Versuchung an! Das Notfall- und Rettungssystem auf dem Jakobsweg ist sehr gut ausgebaut und es besteht wirklich kein Grund, das ganze Krankenhaus mitzuschleppen. Im Höchstfalle würde ich empfehlen, ein Set Güdeltuben in den gängigsten Größen und eine Taschenmaske mitzunehmen, aber nur wenn Sie sich dann besser fühlen ;-)

Blasen-Vorbeugung und Behandlung

Hoffentlich laufen Sie sich schon beim trainieren zu Hause ein paar Blasen an! Nein, ich bin nicht gemein, wirklich nicht! Das Problem mit Blasen ist, dass es keine Wunderkur gibt, die allen gleich hilft, und dass man auf dem Jakobsweg diese Blasen so versorgen muss, dass man am nächsten Morgen fast schmerzfrei weiter hoppeln, Entschuldigung, weiter pilgern kann! Einige Pilger schwören auf Compeed®Pflaster, zur Vorbeugung und Behandlung, andere fluchen, wenn Sie den Namen hören. Mehr dazu weiter unten. Hier noch mal die wichtigsten Punkte der Blasenvorbeugung – denn vorbeugen ist besser als heilen!

- Unbedingt gut eingelaufene und bequeme Schuhe / Sandalen tragen.
- Zwei Paar Socken sind besser, als ein Paar ,da dann die Reibung zwischen den Socken stattfindet und nicht zwischen Haut und Socke / Schuh.
- Innere Socken täglich waschen und wechseln, äußere nicht.
- Nicht morgens duschen. Dies weicht die Haut auf und macht Blasen wahrscheinlicher.
- Deshalb die Füße auch während der Tagesetappe nicht baden.
- Kein Fußpuder, oder ähnliches, verwenden, wenn die Füße schwitzen, klumpt es und reibt die Haut wund.
- Stattdessen die Füße morgens dick mit Hirschtalg, oder einer ähnlichen, fetthaltigen Creme, einschmieren.
- Bei Ruhepausen, wenn möglich, Schuhe und Socken ausziehen und die Füße hoch legen, um sie 'atmen' und abschwellen zu lassen.
- Reibestellen und beginnende Blasen so früh wie möglich behandeln, auch und besonders während des Laufens.
- Abends Füße gründlich waschen, abtrocknen, auf Problemstellen untersuchen, diese gegebenenfalls behandeln und danach Füße wieder eincremen.
- Je besser Sie sich um Ihre Füße kümmern, desto

weiter werden diese Sie tragen!

****Pilger-Anekdote****

Besonders im Sommer habe ich in einigen Herbergen eine interessante Beobachtung gemacht: Pilger gingen die ganze Tagesetappe ohne neue Blasen, bis sie an einen Fluss oder Brunnen kamen und darin ihre Füße abkühlten. Und alle die, die das taten, bekamen dann, ohne Ausnahme, auf den letzten paar Kilometern zur Herberge neue Blasen! Warum? Nasse Füße bedeuten aufgeweichte und empfindliche Haut, die sehr schnell Blasen bekommt. Also auf dem Weg immer die Füße trocken halten und mit dem erfrischenden Fußbad warten, bis Sie angekommen sind! Wenn Sie trotzdem nicht widerstehen können, Füße gut abtrocknen und mindestens 15 Minuten in der Sonne austrocknen lassen!

***

Compeed®, oder kein Compeed® – Das ist hier die Frage!

'Tschuldigung Herr Shakespeare ;-) Compeed®, ähnliche Produkte werden auf englisch auch 'second skin', zweite Haut genannt, und dafür eignen sie sich meiner Meinung nach am besten. die eigene Haut abgerieben ist, oder die Blase von selbst geplatzt und aufgerissen ist, kann ein Compeed® Pflaster schnell Schmerzlinderung geben und das Weiterlaufen ermöglichen. Als Blasenvorbeugung haben sie sich dagegen für mich nicht gut bewährt und auch nicht zur Behandlung von intakten Blasen. Ihre Hauptnachteile bestehen darin, dass sie a) bei schwitzenden Füßen nicht gut halten, verrutschen und dann die Blase noch weiter aufreißen und b) dass sie sich, wieder besonders bei schwitzenden Füßen, oder stark nässenden Blasen, 'verflüssigen' und man dieses klebrige Material nur sehr schwer aus den Socken heraus bekommt.

Also, für wund geriebene Füße und offene Blasen zu empfehlen, aber nicht gut zur Vorbeugung oder Behandlung von geschlossenen Blasen, meiner Meinung nach. Auf jeden Fall sollten die Ränder des Compeed® Pflasters immer mit normalen Pflaster abgesichert werden, um zu verhindern, dass das klebrige Zeug sich in den Socken breit macht.

Nadel und Faden gehören nicht an die Blasen!

****Pilger-Anekdote****

Achtung, nichts für schwache Mägen! *Es waren zwei italienische Pilger, die mir in die Herberge humpelten. Einer, weil er zwei Rucksäcke trug, und der andere, weil er nur mit den Hacken auftreten konnte. Als ich diesem dann die Verbände entfernte, kam nicht nur der Eiter heraus geflossen, sondern auch einige Zehennägel, die sich abgelöst hatten. Ein 'hilfreicher' Mensch hatte den armen Pilger mit der 'Faden-Methode' die Blasen behandelt, die sich dann schnell schwer entzündeten. Natürlich habe ich die Füße gleich wieder schnell und sauber verbunden und ihn zum Arzt begleitet. Dieser Pilger musste seinen Weg abbrechen und über eine Woche in einem spanischen Krankenhaus mit intravenösen Antibiotika behandelt werden – Glücklicherweise konnte so eine Amputation im letzten Moment verhindert werden.*

***

Die 'Faden-Methode' ist eine veraltete Blasenbehandlung, die wirklich ins Museum gehört. Bei ihr wird ein, manchmal desinfizierter, Faden durch die Blase gezogen, mit der Idee, dass sich so die Blase besser entleert. Natürlich verursacht dieser Faden nicht nur einen Fremdkörperreiz, sondern dient auch als Docht, über den Bakterien und andere Krankheitserreger in die Blase kommen und eine Entzündung auslösen können. Nicht alle diese Entzündungen verlaufen so schwerwiegend, wie beim oben erwähnten Pilger, aber warum etwas riskieren, wenn es auch besser und sicherer geht?

So, was ist nun die beste Blasenbehandlung?

Erinnern Sie sich, dass ich oben in der Liste des Erste-Hilfe-Päckchens mit Jodsalbe gefüllte Spritzen erwähnt habe? Hier wird ihr Geheimnis gelüftet.

Sehr Wichtig: Diese Methode sollte NIE bei Menschen mit einer Jodallergie oder einer Schilddrüsenfunktionsstörung angewandt werden!

- Eigene Hände waschen und desinfizieren.
- Blasen und Umgebung gut desinfizieren und entweder mit einer sterilen Injektionsnadel aufstechen und aufritzen, oder mit einer desinfizierten scharfen Schere einen **kleinen**, dreieckigen Schnitt in die Blase machen. Die Öffnung sollte groß genug sein, um die Blase zu entleeren, aber die Haut darf auf keinen Fall entfernt werden.
- Vorsichtig und mit etwas Druck die Blase ganz entleeren. Das tut etwas weh, vor allem, wenn die wunde Haut mit Luft in Berührung kommt, aber dieser Schmerz vergeht schnell.
- Nun entweder die Blase mit einem sterilen Tupfer abdecken und so zu tappen, dass Druck auf die Blase ausgeübt wird und sie sich nicht wieder füllt.

- Oder, wenn keine Kontraindikation zur Jod-Behandlung vorhanden ist, sie mit Jod (in Spanien auch als Betadine bekannt) füllen. Das kann entweder mit flüssigem Jod geschehen (brennt teuflisch für einige Minuten) oder, etwas angenehmer, mit Jodsalbe.

- Wer sich vor Nadeln fürchtet, kann auch eine nadellose Spritze vorsichtig in die geöffnete Blase einführen und dann die Jodsalbe hinein drücken. Gut massieren, so dass sie sich in der ganzen Blase verteilt.

- Wieder mit einem Tupfer abdecken und so verpflastern, dass ein leichter Druckverband entsteht und sich die Haut wieder an das darunter liegende Fleisch 'anklebt'.

- Falls am nächsten Morgen das Gehen immer noch zu schmerzhaft ist, sollte man sich in einem spanischen Geschäft eines dieser blauen Schaumstoffputztücher aus Zellulose (Spontex®) kaufen, ein Viereck ausschneiden, ein Loch in die Mitte desselben machen, wo die Blase ist, und alles gut verkleben. Einfache Druckentlastung ;-)

- Auf keinen Fall die Haut über der Blase wegschneiden, bevor sich neue Haut gebildet hat. Aber wenn alles gut abheilt und kein Verband mehr nötig ist, die alte Haut immer besonders gut eincremen, um zu verhindern, dass sie austrocknet und hart wird und so wieder neue Blasen verursacht.

Und wenn sich am nächsten Abend die Blase wieder gefüllt hat?

Wie ich das schon vielen Pilgern sagte, 'Die Blase wieder aufstechen, entleeren und mit Druck verpflastern. So lange wiederholen, bis die Blase des Spieles müde wird und abheilt, oder bis ihr beide in Santiago ankommen ;-)'

Zwei Dinge noch zum Blasenschluss:

Auf Entzündungszeichen (Hitze, Schwellung, Eiter, Schmerz) achten und im Verdachtsfalle immer zum Arzt gehen oder wenigstens einem Apotheker zeigen!

Wer zu Blasen unter den Zehennägeln neigt, sollte sich überlegen, Silikon-Zehenkappen, zum Beispiel von Gehwohl® oder Medosan®, von Deutschland mitzubringen. Die sind nämlich wirklich schwer in Spanien zu finden!

Medikamente und Rezepte

Wer unter einer chronischen Krankheit leidet und / oder regelmäßig Medikamente nimmt, sollte seine Pilgerpläne mit dem Hausarzt besprechen und sich genügend Medikamente für die geplante Reisedauer verschreiben lassen sowie ein Privatrezept mitgeben lassen, falls die Medikament ausgehen oder verloren gehen.

Wer weiß, dass er, zum Beispiel, unter Heufieber leidet, sollte die Antihistamine nicht vergessen. Und wer häufig Kopfschmerzen hat, sollte ein paar seiner normalen Kopfschmerztabletten einpacken. Eine Magenverstimmung / Durchfall kann häufig vorkommen und ein paar Beutelchen mit Elektrolyt-Pulver helfen dann schnell den Wasser- und Elektrolytverlust auszugleichen. Alle Medikamente sollten wasserdicht und mit ihrem

Beipackzettel zusammen verpackt werden. Wer noch ein paar alte Filmdöschen hat, kann dafür diese verwenden.

Bedarfsmedikamente nur in geringer Menge mitnehmen, Apotheken gibt's in Spanien an jeder Ecke!

Es würde den Umfang dieses Buches sprengen, auf alle Eventualitäten einzugehen. Aber chronische Krankheit, oder eine Behinderung bedeutet nicht, dass Sie Ihren Traum Jakobspilger zu werden aufgeben müssen. Wer unter chronischen Erkrankungen, vor allem Diabetes, Nieren oder Herzproblemen leidet, sollte seine Pläne, den Jakobsweg zu pilgern, unbedingt mit seinem Arzt absprechen!

Chronische Erkrankungen sind per se kein Hinderungsgrund, zum Pilger zu werden. Sie erfordern aber genaue Vorbereitung, Planung, Training und eventuell eine Begleitperson. Es ist zum Beispiel nicht ungewöhnlich dass Diabetiker erfolgreich den Camino absolvieren, und auch ungefähr ein Dutzend Rollstuhlfahrer schaffen es jedes Jahr.

Toilettenpapier

Eine halbe Rolle genügt da schon, und wer noch mehr Gewicht sparen will, kann ja die innere Kartonrolle auch entfernen. Nicht alle Herbergen, Bars und Restaurants haben immer genug Toilettenpapier. Und auch wer dem Ruf der Natur auf dem Weg folgen (muss) möchte, braucht es.

Das Toilettenpapier dient natürlich auch als Papiertaschentuch, wenn der Heuschnupfen plagt, oder man sich einen richtigen Schnupfen eingefangen hat. In einer Plastikhülle verpackt und in der Hosentasche oder in der

Gürteltasche immer griffbereit, vermeidet man einfach peinliche Situationen. Kann natürlich überall nachgekauft werden, also keine großen Vorräte an Toilettenpapier mit schleppen!

Taschenmesser

Ein einfaches Taschenmesser, für Weintrinker mit Korkenzieher, für Biertrinker mit Flaschenöffner und für alle andren mit Dosenöffner und kleiner Schere, ist genug, um Brot, Käse und Wurst zu schneiden. Die Schere ist nützlich, wenn ein Pflaster zurecht geschnitten werden muss. Man braucht also keine große Verbandsschere mit zu schleppen. Eine Pinzette, zum Splitter heraus ziehen, ist auch nützlich, eine Lupe oder Säge muss dagegen nicht sein.

Auch beim Taschenmesser gilt: Was passiert im schlimmsten Falle, wenn Sie ein Taschenmesser ohne diese Funktion mitnehmen? Meistens nichts! Wer dagegen weiß, dass er nur in Restaurants essen wird und nie selber kocht, oder Brotzeit am Wegesrand macht, braucht natürlich keins!

Sicherheitsnadeln

Diese sind besser als Wäscheklammern. Sicherheitsnadeln helfen Kleidungsstücke zum trocknen aufzuhängen, befestigen Verbände und ersetzen einen verlorenen Knopf. **Extratip**: Wenn die Wäsche morgens noch nicht ganz trocken ist und die Sonne scheint, kann man sie außen am Rucksack befestigen. Sicherheitsnadeln sind dafür besser geeignet als Wäscheklammern, weil 'sicherer' – 'tschuldigung fürs Wortspiel.

Was manche Pilger brauchen

Bevor sie etwas von dieser Liste mitnehmen, fragen Sie sich ehrlich, was das Schlimmste ist, das passieren kann, wenn sie es nicht dabei haben ...

Isomatte

Ich kenne viele Pilger, die keine Isomatte mitnehmen. Aber eine solche hat schon viele Vorteile. Wer in der Hauptsaison unterwegs ist, muss wissen, dass es manchmal nicht genügend Betten für alle Pilger gibt und, wenn in der Herberge nur Platz auf dem Boden ist, schätzt man doch die paar Millimeter Schaumstoff zwischen den Hüftknochen und besagtem Boden.

Und auf dem Weg kann man sich auf diese setzen, oder zur Siesta hinlegen. Ob Sie eine Isomatte mitnehmen oder nicht, hängt also von Ihrem eigenen Komfortbedürfnis ab. Aber wenn Sie nur in Hotels übernachten, brauchen Sie sie wohl eher nicht. Ach ja, mit Isomatte meine ich natürlich NICHT die selbstaufblasenden! Die sind viel zu schwer. Sondern die einfachen Schaumstoffmatten wie man sie zur Gymnastik verwendet. Wer noch leichter packen will, und weil in der Nebensaison unterwegs, fast immer mit einem Bett in der Herberge rechnen kann, sollte sich die Anschaffung einer dünneren, leichteren und mit Aluminium beschichteten Matte überlegen. Diese stellt einen guten Kompromiss zwischen Gewicht und Komfort dar, ist aber mehr zum Sitzen, denn zu darauf schlafen geeignet.

Menge: Eine.

Richtwert Gewicht: Zwischen 150 und 250g, je nach Modell.

Ohrenstöpsel

Geschlafen wird auf dem Jakobsweg in den Schlafsälen der Pilgerherbergen. Und es ist schon als echtes Jakobswunder zu bezeichnen, wenn man eine Nacht erlebt, in der kein einziger der lieben Pilgerkollegen schnarcht! Ohrenstöpsel können auch hilfreich sein, wenn im spanischen Dorf gerade mal Fiesta Zeit ist und Musik und Tanz direkt vor der Herberge stattfinden.

Kauftip: Versuchen sie weiche, aus Schaumstoff hergestellte zu finden, die nicht weich geknetet werden müssen. Die sind bequemer im Ohr.

Menge: Hängt von der Wiederverwertbarkeit des gewählten Produktes ab. Bringen Sie ein Paar mit und kaufen Sie bei Bedarf nach, die sind in jeder spanischen Apotheke erhältlich.

Bettwanzen - Vorbeugung

Wo viele Menschen schlafen, fühlt sich auch die Bettwanze wie zu Hause. Das war schon im Mittelalter so und seit einigen Jahren sind die lieben Tierchen leider auch wieder auf dem Jakobsweg unterwegs. Die heißen übrigens '*chinches*' auf spanisch, und vorbeugen ist hier besser als heilen! Übrigens kommen Bettwanzen auch in den besten und saubersten Häusern vor, selbst Pilger, die in Luxushotels geschlafen haben sind schon gebissen worden. Und sehr einfache, traditionelle Pilgerherbergen können problemlos frei von Wanzen sein. Aber was kann man nun zur Vorbeugung selber tun?

Ätherische Öle wie Lavendel, Neem oder Teebaumöl helfen **NICHT**! Die Biester interessieren sich nicht dafür wie es riecht, sie orientieren sich an Ihrer Körperwärme und am Co2, das Sie ausatmen, um Sie, Ihre/n persönlichen Blutspender und Futterquelle, zu finden. Auch seidene Innenschlafsäcke oder milbendichte Schlafsackhüllen nützen wenig. Sie können immer noch in Hände, Arme und am Gesicht gebissen werden.

Die einzigen Produkte, die wenigstens ein bisschen erfolgsversprechend sind, sind mit Permethrin imprägnierte Laken (unter den Schlafsack legen), oder so imprägnierte Schlafsackhüllen. Aber was wenn die Biester schon gegen Permethrin resistent sind ... Eine andere Möglichkeit ist, seinen Rucksack, Schlafsack und vielleicht auch die Kleidung mit einem Produkt namens 'NoBite Verdünner' (siehe Anhang für Bezugsadressen) selbst zu imprägnieren. Andere Tipps zur Bettwanzen Vorbeugung sind:

- Auf dem laufenden bleiben und sich erkundigen, wie es so in den nächsten Herbergen bezüglich Bettwanzen aussieht.

- Rucksäcke nie aufs oder unters Bett legen, noch an die Wand lehnen.

- Das obere Stockbett, wo vorhanden, scheint etwas sicherer zu sein.

- Weiterverschleppung und Einschleppung vermeiden, vor allem auf der Heimreise.

- Hitze (Sonne!) tötet Bettwanzen schnell ab, also bei Verdacht alles so heiß wie möglich waschen und in die pralle Sonne legen!

Gegen Bettwanzenstiche, und die allergische Reaktion auf diese, hilft Fenistil-Gel, oder das spanische Produt 'Kalamina', das in Apotheken erhältlich ist. Wenn die allergische Reaktion und der Juckreiz schlimm sind, können Histamin-Tabletten (Heufieber) helfen. Und wenn es ganz schlimm ist mit der allergischen Reaktion, sollte man eine der vielen Polikliniken des Weges (Centro de Salud) aufsuchen.

Für mehr Information zur Bettwanzen-Vorbeugung auf Reisen im allgemeinen, und auf dem Camino im besonderen, siehe auch diese Webseite http://bettwanze.org

Sonnenschutz

Ich habe Pilger gesehen, die sich noch im November einen Sonnenbrand geholt haben! Sonnenschutzmittel, vorzugsweise Faktor 20 oder darüber, ist eines der wenigen Dinge, die Sie von zu Hause mitbringen sollten. Sonnencreme dient dann auch als Hautcreme. Obwohl sich der Camino ja nicht an der Costa del Sol befindet, kann die Sonne hier ganz schön stechen, nicht nur im Sommer.

Menge: Eine kleine Flasche, ausreichend für die ersten paar Tage, mehr kann später gekauft werden.

Sonnenbrille

Hier kommt es auf die eigene Augenempfindlichkeit an. Wer weiß, dass er, wie ich, die Sonne gut verträgt und noch nie eine Sonnenbrille brauchte, braucht sie natürlich auch auf dem Jakobsweg nicht. Wer dagegen weiß, dass er lichtempfindliche Augen hat, sollte eine mitnehmen.

Brillenträger sollten sich überlegen, auf ein 'selbsttönendes' Model umzusteigen, das Sonnenbrille und Sichtkorrektur in einer Brille vereinigt.

Brille oder Kontaktlinsen?

Eingeschworene Kontaktlinsenträger sollten sich ernsthaft überlegen, diese zu Hause zu lassen und als Brillenschlange auf den Jakobsweg zu gehen ;-) Warum? Der Weg kann sehr staubig sein, Pflegemittel für die Linsen wiegen und die Ersatzbrille sollte sowieso mitgenommen werden.

Wer nicht auf seine Linsen verzichten kann oder will, sollte sich überlegen, wenn möglich auf Tageslinsen umzustellen. Das spart Pflegemittel.

Menge: Entweder Brille, Brillenrezept und bei Bedarf Ersatzbrille. Oder Kontaktlinsen, Ersatzbrille, Brillenrezept und eventuell Pflegemittel.

Stöcke oder keine Stöcke?

Ich bin sowohl mit, als auch ohne Stöcke gepilgert und beides hat seine Vorteile. Wer eh gewohnt ist mit Stöcken zu laufen, sollte sie natürlich mitnehmen. Wer das noch nie getan hat, sollte es erst mal zu Hause ausprobieren. Der traditionelle Pilgerstab, den man auch heute noch auf dem Jakobsweg in Gebrauch sieht, ist aus Holz, oft schön mit Schnitzereien verziert und höher als der Träger.

Moderne Pilger laufen aber auch oft mit zwei teleskopischen Wanderstöcken, die Skistöcken gleichen, und nur etwa hüft-

oder taillenhoch sind. Die Nachteile von Stöcken sind, dass man sie leicht vergisst. Es kommt häufiger vor, als man denkt. Außerdem kann ihr Transport im Flugzeug problematisch sein. Dies gilt besonders für den traditionellen Pilgerstab, da dieser nicht zusammenklappt wie die modernen.

Die Vorteile von Stöcken zeigen sich vor allen Dingen beim herunter laufen in den Bergen. Hier helfen sie, die Knie zu entlasten. Und natürlich wenn das Gelände mal etwas schwieriger wird, sind sie Stab und Stütze des Pilgers eben.

Wer Knieprobleme hat, sollte sich überlegen, mit zwei modernen Stöcken zu laufen. Wer einen Stock nur benutzt, wenn das Gelände es verlangt, kommt auch mit dem traditionellen Stab aus. Eine schöne Idee, wenn möglich, ist es, sich den Stab schon zu Hause zu besorgen und mit Schnitzereien selbst zu verzieren. Ein solcher Stab kann dann auch zur Pilgersegnung mitgenommen werden und wird sicher eine gute Stütze auf dem Weg sein.

Meine eigene Erfahrung: Ich ziehe einen Stock vor. Und dieser dient, wenn ich meine Kamera dabei habe, auch als Monopod (Einbeinstativ)! Dies funktioniert für mich und vielleicht auch für andere photographierende Pilger.

(Not)Nahrung

Wie schon erwähnt, es gibt Geschäfte in Spanien und deshalb keinen Grund, Essen von zu Hause mitzubringen. 'Frutos Secos' (Trockenfrüchte und Trockenobst) kann man in jedem Geschäft finden, in größeren Orten gibt es sogar Spezialgeschäfte für diese, die nichts anderes verkaufen als Trockenfrüchte, Trockenobst und – Schokolade ;-) Als Verpflegung auf dem Weg eignen sich außerdem Brot, Käse,

Oliven und Hartwurst. Bananen und, getrocknete, Aprikosen sind besonders empfehlenswert, um Muskelkrämpfen vorzubeugen.

Nähzeug

Bitte nicht den ganzen Nähkasten mitschleppen! Ein einfaches 'Heftchen', wie man sie in Hotels bekommt, ist mehr als ausreichend. Auf feste Nadeln und Faden achten ist wichtiger, als die richtige Farbe zur Hand zu haben. Ich muss allerdings sagen, wer Sicherheitsnadeln oder Isolierband dabei hat, kann mit denen eine Notversorgung auf dem Weg vornehmen und kann dann in der nächsten Herberge nach Nadel und Faden fragen. – Gibt's in fast jeder!

Isolierband

Eine Riss im Regenponcho oder Schuh? Eine abgerissene Schnalle am Rucksack? Das Batteriefach der Kamera schließt nicht mehr richtig? Pflaster ist ausgegangen und der Blasenverband rutscht und reibt? Isolierband ist wirklich, was das Erste-Hilfe-Paket für die Gesundheit ist – eben für die Ausrüstung. Eine kleine Rolle wiegt nicht viel, kann aber eine Menge notdürftig reparieren, bis man das gute Ausrüstungsstück in Fachhände legen kann.

Wäscheleine

Ein Stück Wäscheleine kann manchmal nützlich sein, aber meistens gibt es sie doch in den Herbergen. Wenn die Wäscheleine noch einen, oder mehrere, andere Zwecke erfüllt, nehmen Sie sie mit, sonst besser zu Hause lassen. Bitte beim Spannen der Wäscheleine darauf achten, dass sie sich nicht in Verkehrswegen befindet, vor allem nachts!

****Pilger-Anekdote****

Die Herbergsmutter ist immer die letzte, die zu Bett geht und die erste, die aufstehen muss. Allerdings hätte ich mir selbst in meinen wildesten Alpträumen nicht vorgestellt, dass das so gefährlich sein kann. Um zu meinem eigenen Zimmer zu gelangen, musste ich nämlich eines Abends den Pilgerschlafsaal durchqueren und hätte mich fast selbst an einer Wäscheleine stranguliert, die ein nichts denkender Pilger direkt vor meiner Tür gespannt hatte!

***

Nützliches, aber nicht lebensnotwendiges

Handy

Ich bin den Jakobsweg auf beide Arten gelaufen: mit Handy und ohne. Beides hat seine Vorteile. Mit: Im Notfall kann schnell Hilfe herbeigerufen werden (hier nochmal die Notfall Nummer: 112), und wer besorgte Familie, ältere / gebrechliche Eltern oder Verwandte und / oder Freunde hat, muss ja auch erreichbar sein. Auf der anderen Seite ist ein Handy-loser Weg eine einzigartige Möglichkeit, sich aufs wesentliche ungestört besinnen zu können. Zum Rest der Diskussion bitte einfach nochmals den Anfang dieses Buches lesen ;-)

Kamera

Fotos gehören zu den beliebtesten Mitbringseln vom Jakobsweg, wecken Erinnerungen und halten das Erlebt für Jahre wach. Bevor Sie nun die große Kameraausrüstung mitnehmen, überlegen Sie sich, was Sie normalerweise mit Ihren Fotos machen. Wenn Sie nur Schnappschüsse möchten, um sie Freunden und Familie zu Hause zu zeigen, auf

Facebook zu teilen, oder auf die eigene Webseite zu stellen, kann die Kamera eines guten Handys schon völlig genügend sein. Wer größere Ansprüche an die Bildqualität stellt, sollte sich überlegen, eine digitale Kompaktkamera (die Canon G Serie ist klasse ;-)) mitzunehmen. Und wen alles andere als professionelle Bildqualität zufrieden stellt, soll ruhig die Spiegelreflex einpacken. Aber bitte nur mit einem Objektiv ;-)

Extratip: Als Fotografin nehme ich meine Spiegelreflex-Kamera mit auf den Weg und als Objektiv nur ein einziges, ein 18-55mm Zoom. Hauptmotive auf dem Weg sind für mich: Landschaft, andere Pilger, Architektur und Pflanzen und Tiere. Dafür reicht diese Brennweite völlig aus. Speicherkarten und (Universal-) Ladegerät nicht vergessen! Natürlich nehme ich kein Stativ mit, stattdessen habe ich ein Monopod, das auch als Wanderstab dient – zwei Fliegen mit einer Klappe geschlagen ;-)

Netbook / iPad

Nur wer weiß, dass er soviel schreibt, dass das mit dem Handy zu anstrengend ist und / oder den Computer für andere Dinge braucht (Reiseführer schreiben ;-)), sollte sich überlegen, einen mit zu nehmen. Internet-Cafes können in fast jedem Ort des Weges gefunden werden und bieten auch das Brennen von Fotos und Videos auf CD an. Außerdem sollten Sie bedenken, dass ein Netbook oder ähnliches wieder ein anderer Gegenstand ist, um den Sie sich Sorgen (Diebstahl / Wetter) machen müssen und der ein extra Ladegerät oder ein Universal-Ladegerät braucht. Also, wenn sie es nicht aus professionellen Gründen brauchen: zu Hause lassen!

Tagebuch, Stift, Scrapbook oder Zeichenmaterial

Wer sich dafür entscheidet, den Camino als Technologie-Entziehungskur zu laufen, sollte wichtige Adressen und Telefonnummern auf ein paar Seiten eines normalen Heftes schreiben, das dann auch als Tagebuch dient. Viele Pilger, selbst wenn Sie zu Hause keine großen Tagebuchschreiber sind, fühlen auf dem Weg das Bedürfnis, Ihre Gedanken auf Papier fest zu halten. Ein normales Schulheft und ein Stift reicht dafür aus, wenn das Heft voll oder der Stift leer geschrieben ist, kann man diese leicht ersetzen.

Wer unglücklich ist, wenn er nicht zeichnen kann, oder ein Tagebuch Scrapbook-Stil führen möchte, sollte ruhig ein leeres Heft und ein paar Zeichenstifte mitnehmen. Aber bedenken, dass jeder Stift wiegt und dass die Kunst auch in der Beschränkung der Ausdrucksmittel liegt.

Taschenlampe / Stirnlampe

Auch hier scheiden sich die Pilgergeister. Manche finden eine (Kopf-) Taschenlampe unverzichtbar, andere, wie auch ich, verzichten gerne auf sie. Wofür benutzen Pilger eine Taschenlampe?

Nachts die Toilette finden. - Dafür kann man, wenn die eigene Nachtsicht wirklich so schlecht ist, auch das Licht des Handy-Displays benutzen.

Im Dunkeln lesen. Gemeinschaftsraume sind normalerweise auch nachts offen und können dafür benutzt werden. Außerdem ist selbst die größte Leseratte meistens zu müde vom laufen, um noch am Abend viel zu lesen.

Frühmorgens den Weg finden. - Das ist ein schwieriges Thema, früh morgens los zu laufen, um der größten

Tageshitze zu entgehen ist eine Sache, bei Dunkelheit los zu rennen, um in der nächsten Herberge noch ein Bett zu erwischen, eine andere. Überlegen Sie sich bitte mal ob das Ziel ihrer Pilgerschaft ein Bett oder etwas anderes ist. Ein Bett hat jeder zu Hause, dafür muss man nicht pilgern!

Wer im Dunkeln mit der Taschenlampe los zieht, hat noch ein paar andere Nachteile: Viele Pilger verlaufen sich, da sich ihre Augen nicht der Dunkelheit anpassen, sondern vom Strahl der Taschenlampen, eigener und die anderer Pilger, geblendet werden. Das hat auch schon zu verstauchten Knöcheln und gebrochenen Rippen geführt. Außerdem übersieht man doch alles, was sich auf den ersten paar Kilometern des Weges befindet und bei Tageslicht Freude bereiten würde.

Selbst im Sommer, wenn die Sonne früh aufgeht, bleiben einem noch so vier bis fünf Stunden zum Laufen, bevor die größte Hitze zuschlägt. Das reicht für eine 20 – 25 Kilometer Tagesetappe völlig aus. Und wer viel läuft und es trotzdem gemütlich mag, kann ja die größte Mittagshitze zur Siesta nutzen und am Abend noch ein paar Kilometer laufen ;-)

Taschenlampe mitnehmen, oder nicht? Eher nicht! Wer unbedingt eine mitnehmen will, sollte sich eine Stirnlampe (Hände frei) anschaffen, bei der die Leuchtkraft geregelt werden kann. Bitte nicht schon im Schlafsaal anziehen und die armen Mitpilger mit der vollen Leuchtkraft aus ihrer wohlverdienten Ruhe aufschrecken!

Mundorgel und / oder kleine Musikinstrumente

Wer gerne singt, oder Musik macht, sollte ruhig ein leichtes Liederbuch, wie die gute alte Mundorgel, mitnehmen, oder sich selbst eins zusammenstellen. Auch ein leichtes

Musikinstrument wie eine Blockflöte, oder eine Mundharmonika, kann die Pilgerseele aufmuntern. Verzichtet werden sollte dagegen auf große, sperrige, teure oder empfindliche Instrumente wie die Geige. Es sei denn, sie sind, wie es vor ein paar Jahren passiert ist, als Musikgruppe in mittelalterlicher Kleidung auf dem Camino unterwegs, um Geld für einen guten Zweck zu sammeln.

Symbolisches

Muschel

Die Jakobsmuschel ist das traditionelle Zeichen der Pilger nach Santiago de Compostela. Aber traditionell ist, sich die Muschel von Santiago mit zu bringen und nicht sie nach Santiago zu tragen. Das hat sich in der Moderne geändert und heute hat fast jeder Pilger von Anfang an eine Muschel am Rucksack oder um den Hals. Muscheln, mit oder ohne Jakobskreuz, kann man auch in Deutschland bekommen, zum Beispiel über die Jakobsgesellschaften, Amazon oder einfach in dem man Jakobsmuscheln im Restaurant bestellt, genießt und dann die Muschel mit nach Hause nimmt. Pilger bevorzugen meistens die mehr gewölbte Hälfte der Schale, die in der guten alten Zeit als Trinkgefäß diente.

Extratip: Wenn Sie selbst Löcher in die Muschel bohren, tun Sie das bei Hand, mit geringem Druck und langsam, um zu vermeiden, dass die Muschel bricht. Benutzen Sie eine Lederschnur, um die Muschel um den Hals zu tragen, oder am Rucksack zu befestigen.

Stein

Eine andere Pilgertradition ist, einen Stein, den man von zu Hause mitgebracht hat, am Cruz de Ferro (Eisenkreuz) in den Bergen von Léon abzulegen. Er symbolisiert das Ablegen der eigenen Sorgen, Befürchtungen und Ängste.

Extratip: Der Stein muss nicht groß sein, er ist doch nur ein Symbol!

Was der Pilger, in den meisten Fällen, NICHT braucht

Die folgenden Dinge braucht man nicht, um eine Pilgerreise auf den spanischen und / oder französischen Jakobswegen zu machen, da diese mit einer ausgezeichneten Infrastruktur versehen und gut markiert sind. Wenn man außerhalb dieser Wege los läuft, sieht es schon anders aus ;-)

Zelt

Ein Zelt braucht wirklich nur derjenige, der außerhalb der offiziellen Pilgerwege unterwegs ist. Oder, vielleicht, derjenige, der mit einem tierischen Kameraden unterwegs ist. Wer dagegen plant, einen der spanischen oder französischen Jakobswege zu pilgern, braucht wirklich kein Zelt! Im Falle eines 'Langstreckenpilgers' empfiehlt es sich, das Zelt nur so lange zu benutzen, bis man auf einem der ausgebauten Jakobswege angekommen ist und es dann nach Hause zu schicken (für Adressen einiger französischer und spanischen Postämter, siehe Anhang).

In jedem Fall sollte ein Zelt leicht sein. Für eine Person reicht ein so genanntes Biwak-Zelt, das höchstens 1,5kg wiegt. Meiner Erfahrung nach reicht es völlig aus. Zwei, oder mehr Personen, können das Gewicht von Stangen, Heringen und so weiter unter sich aufteilen und sich so die Last erleichtern. Zum Schluss muss noch angemerkt werden, dass ein Zelt immer nur trocken zusammengepackt werden sollte. Das heißt dann oft warten, bis der Morgentau abgetrocknet ist – und das kann, je nach Jahreszeit, dauern! Also, wenn Sie sich überlegen, ob Sie ein Zelt mitnehmen wollen, dann heißt es, dass Sie meistens kein Zelt brauchen. Im Zweifelsfall immer zu Hause lassen!

Landkarten & GPS

Landkarten

Ein guter Reiseführer, wie die des Konrad Stein Verlages, enthält alle Karten der Wegkreuzungen, die man wirklich braucht. Und der Jakobsweg ist sehr gut markiert. Wie beim Zelt, und vielleicht sogar beim GPS, gilt hier auch, dass ein Pilger, der 'nur' in Spanien und / oder Frankreich auf den ausgebauten Wegen unterwegs ist, keine extra Landkarten braucht. Wer von zu Hause los läuft und so Gebiete durchquert, die nicht, oder schlecht, ausgeschildert sind, sollte natürlich Karten mitnehmen. Am besten ist es, die Anzahl der Karten zu beschränken und die, die man später braucht, postlagernd voraus zu schicken und die, die man 'abgelaufen' hat, nach Hause, oder nach Santiago voraus zu schicken. Wenn man sie behalten möchte. Adresse des Hauptpostamts in Santiago im Anhang ;-) Aber Achtung, es bewahrt Pakete nur noch zwei Wochen lang auf! Alternativen zum Hauptpostamt auch im Anhang.

GPS

Seit das GPS erfunden, oder besser gesagt, für Normalsterbliche erschwinglich wurde, sieht man Pilger mit diesem Geräten auf dem Jakobsweg.

****Pilger-Anekdote****

Das erste Mal habe ich ein GPS-Gerät in der Hand einer amerikanischen Pilgerin gesehen, als ich ihr half, ihren Rucksack zu entladen und zu entscheiden, was sie, zum Zwecke der Gewichtsreduzierung, nach Santiago voraus schicken sollte. Das Lustige war, dass es das Geschenk ihrer überbesorgten Kinder war, die Angst hatten, dass sich 'Mommy' auf dem Pilgerweg verliert und dass sie es nicht bedienen konnte, da sie die Betriebsanleitung in Amerika vergessen hatte! Ich glaube, ich muss nicht betonen, dass das gute Stück in den, ständig wachsenden, Haufen für das 'Paket nach Santiago' kam ;-)

***

Ein GPS auf dem Jakobswegen in Spanien und Frankreich ist, meiner Meinung nach, so notwendig wie eine extra Blase am Pilgerfuß.

Vitamine, Mineraltabletten & Nahrungsergänzungsmittel

Manche Pilgerapotheken sehen aus, als ob der Pilger nicht nur eins, sondern mehrere Reformhäuser leergekauft hätte ;-) Wer sich gesund auf dem Weg ernährt, nicht vergessen die spanische Küche zählt zu den gesündesten in der Welt!, kann sich Geld und Gewicht sparen. Bananen und Trockenobst / Nüsse ersetzen die Mineraltabletten und beugen Muskelkrämpfen vor und frisches Obst und Gemüse machen Vitamintabletten überflüssig.

Kocher & Kochgeschirr

Es stimmt schon, manche Herbergen haben keine Küche, oder, wie in Galicien, sie haben eine, aber diese funktioniert nicht und / oder hat keine Töpfe. Trotzdem lohnt es sich nicht, den Bunsenbrenner mit zu schleppen ;-) Wenn es keine Küche gibt, muss man halt ohne Kaffee am Morgen los ziehen. Das Gewicht eines Campingkochers, einschließlich Topf, Pfanne und Essgeschirr trägt zu viel zur Pilgerlast bei, und ein Café findet sich ja eh in einem der nächsten Dörfer.

Ausnahme: Wer von zu Hause aus los läuft und meistens zeltet, wird die Möglichkeit des Selberkochens sicher schätzen, sollte aber die Kochausrüstung, wenn auf einem der Hauptwege in Frankreich, oder spätestens in Spanien angekommen, nach Hause zurück oder nach Santiago voraus schicken.

Fön, elektrische Zahnbürste und andere lustige Gegenstände

Hier ein paar Dinge, die Pilger mitgenommen haben und niemals brauchten. Gesammelt aus eigener Erfahrung und aus Gesprächen mit Tausenden von Pilgern und Dutzenden von Hospitaleros ;-)

- Elektrische Zahnbürste, Fön u.ä.
- Maniküreset, Bartschneider und elektrischer Nasenhaarentferner
- Hängematte

- Moskitonetz
- Packsafe
- Mundschutz

Übers Packen und Tragen

Von Packlisten und Endauswahl

Nach dem Sie sich nun Ihre eigene, persönliche Packliste mit den im Anhang erwähnten Dokumenten erstellt haben und sich Ihre Ausrüstung besorgt haben, geht's nun ans eigentliche Packen und Testen der Ausrüstung! Dies sollte schon einige Zeit vor dem geplanten Anfang der Pilgerschaft stattfinden – um zu trainieren und die Ausrüstung zu testen.

Feintuning der Ausrüstung

Legen Sie alles auf's Bett oder auf den Boden, was Sie mitnehmen wollen und nehmen Sie jeden Gegenstand in die Hand und fragen Sie sich nochmals:

- Kann ich das mit etwas anderem ersetzen, das eine Mehrfachfunktion hat?
- Gibt es hier irgendwas, das ich nicht brauche und problemlos entfernen kann (Etiketten, Buchseiten usw.), um Gewicht zu sparen?
- Was ist das Schlimmste, das passieren kann, wenn ich das nicht mitnehme?
- Kann ich dasselbe auch in einer kleineren Größe bekommen und so Gewicht sparen?

Ja ich weiß, dass ich all dies schon erwähnt habe, aber jetzt ist Ihre beste Chance, nochmals Gewicht zu sparen. Deshalb sage ich es nochmals. Ich bin mir sicher, Sie werden mir für jedes gesparte Gramm dankbar sein!

Richtiges packen und tragen eines Rucksacks

Rucksack packen ist eine Kunst, die mit Übung erlernt wird. Hier ein paar Tipps:

Was am Tag, während des Pilgerns, gebraucht wird (Wegführer, Wasser, Brotzeit, Erste-Hilfe-Set), sollte leicht zugänglich im Rucksack, den Außentaschen oder in der Hosentasche / dem Gürtelbeutel untergebracht sein. Wenn Regen zu befürchten ist, sollte der Regenschutz auch leicht zugänglich sein.

Temperatur-empfindliche Dinge, Lebensmittel im Sommer / bei Hitze, mit Batterie betriebene Geräte bei Kälte, sollten in der Mitte des Rucksacks geschützt werden.

Was zusammengehört, sollte in einem Beutel / Behälter sein. Zum Packen der Brotzeit kann ein sehr leichter Plastik- oder Eiscreme-Container nützlich sein, schmutzige Wäsche in eine alte Einkaufstasche, Körperpflegeprodukte in einen Wasser- und auslaufdichten wieder verschließbaren Plastikbeutel, saubere Kleidung zusammen in einen anderen Stoffbeutel und so weiter.

Der Schlafsack, die Herbergslatschen und alles andere, was nur abends gebraucht wird, kann tief im Rucksack vergraben werden.

Sicherheitskopien von Dokumenten in eine Plastikhülle stecken und tief im Rucksack verstecken. Dies braucht man eh nur im Notfall.

Gewichtsverteilung

Ein richtig gepackter Rucksack trägt sich fast wie von selbst, ein schlecht gepackter stört das Körpergleichgewicht und kann schnell zu Rücken-, Knie- und Schulterschmerzen führen. Abgesehen davon, dass der Rucksack der Körpergröße des Pilgers angepasst sein sollte, der Hüftgurt und die Schultergurte so eingestellt werden müssen, dass das Gewicht auf der Hüfte und nicht auf den Schultern ruht, gilt auch:

Schwere Dinge so nah am Rücken und so weit oben wie möglich verpacken. Möglichst wenig außen am Rucksack befestigen, besonders wenn es windig ist!

Bei mir sieht das so aus:

Schlafsack und Herbergslatschen kommen in das Bodenfach, geschützt durch eine feste Plastik-Mülltüte natürlich. Die Isomatte, wenn ich sie mitnehme, ist eine faltbare (keine Rolle) und wird direkt hinter dem Bodenfach-Zugriff aufbewahrt. So habe ich sie bei Pausen gleich zur Hand.

Das Hauptfach des Rucksackes ist innen mit einem festen Müllbeutel ausgelegt, in den alles hinein kommt.

Bücher und alles andere, das aus Papier besteht oder schwer wiegt, kommt direkt gegen den Rücken und ist noch einmal mit wiederverschließbaren Plastikbeuteln vor Nässe geschützt und Dinge die, ich erst in der Herberge brauche, wie Waschzeug und saubere Kleidung, kommen ganz unten ins Hauptfach.

Der Rest wird dann mit den anderen Habseligkeiten aufgefüllt. Je wahrscheinlicher es ist, dass ich sie auf dem Weg brauche, zum Beispiel das Erste-Hilfe-Set, desto weiter oben. Dinge, wie der Jakobswegführer, die Brotzeit und die Wasserflasche kommen entweder in die Außentaschen , die Deckeltasche oder in die Bauch- oder Gürteltasche.

Extratip: Wenn es regnet, hilft ein wiederverschließbarer Plastikbeutel den Wanderführer zu schützen, wenn man nachschauen will, wie weit es noch zur nächsten Herberge ist und / oder ihn sowieso in der Hosentasche trägt.

Fahrradpilger und ihr Gepäck

Abgesehen vom eigenen Gepäck, muss auch alles, was zur Pflege des Drahtesels nötig ist, transportiert werden. Entweder in den Satteltaschen, oder - wenn der Fahrradpilger auch ein Luxuspilger mit Begleitfahrzeug ist - im selbigen. Vorsicht ist bei Ersatzteilen geboten, wenn man ein Modell fährt, das in Spanien nicht üblich ist. Schläuche, Speichen und Reifen können für diese dann schwer zu finden sein. Es zahlt sich aus, sich vorher, in der Heimat, an den Hersteller zu wenden und sich zu erkundigen, wie und wo diese Ersatzteile in Spanien zu beziehen sind. Wenn Fahrradpilger mit einem Begleitfahrzeug unterwegs sind, sollte alles Notwendige zur 'Drahtesel-Pflege und Reparatur' von zu Hause mitgebracht werden.

Und fürs Packen der Fahrradsatteltaschen gilt ähnliches, wie für den Rucksack. Zusätzlich muss auch noch die Belastbarkeit des Fahrradrahmens und das Gleichgewicht beim Packen beachtet werden. Wenn ein Rucksack auf dem Rücken getragen wird, sollte der sehr leicht sein und nur, zum Beispiel, das Notwendige zur Brotzeit und den Regenschutz enthalten. Ein schwerer Rucksack auf dem Rücken eines Radfahrers kann dessen Gleichgewicht schnell negativ beeinflussen.

Pilgerwagen und andere Alternativen

****Pilger-Anekdote****

Ich werde niemals den Ausdruck im Gesicht meines lieben Herbergsvaterkollegen vergessen als uns zwei brasilianische Pilger in die Herberge hereinspazierten, mit Koffern auf Rollen! Schnell stellte sich heraus, dass das 'mittelalterliche' Ehepaar das berühmt-berüchtigte Buch von Paulo Cuelho gelesen hatte und dadurch 'animiert' wurde, den Jakobsweg selbst zu pilgern. Leider hatten sie sich nicht die Mühe gemacht, sich auch über die praktischen Aspekte des Weges zu informieren. Glücklicherweise waren die beiden nicht gerade arm und konnten es sich leisten, sich eine funkelnagelneue Pilgerausrüstung, mit zwei Rucksäcken!, anzuschaffen. Zwei Tage später, als alles gekauft und erklärt war, stiefelten sie dann los und sind sogar heil und gesund in Santiago angekommen. Das wussten wir, da sie von da mit dem Bus zu uns zurück fuhren, um ihre Koffer und ihr übriges Gepäck abzuholen, das wir für sie aufbewahrt hatten;-)

***

Koffer auf Rollen ist wirklich nicht für den Camino geeignet, Rucksack auf Rollen sieht man dagegen schon von Zeit zu Zeit. Handkarren, die der Pilger entweder schiebt oder zieht, sieht man auch von Zeit zu Zeit. Wer keinen Rucksack tragen will, oder kann, sollte bedenken, dass viele Teile des Jakobsweges für solche Konstruktionen nicht geeignet sind und das heißt dann, am Straßenrand entlang pilgern zu müssen. Diejenigen Pilger, die diese Pilgerwagen benutzt haben und mit denen ich gesprochen habe, lassen sich ganz grob in zwei Gruppen einteilen. Die, die sie liebten und die, die sich wünschten, stattdessen einen Rucksack gekauft zu haben. Wer sich für solche Rucksack-Karren interessiert, findet im Anhang ein paar interessante Webseiten zum Thema.

Anhänger am Fahrrad sind besonders bei Radpilgern beliebt, die von weiter her, oft von zu Hause, angepilgert kommen und / oder mit Kindern unterwegs sind, da es diese Anhänger erlauben, mehr Gepäck mit zu nehmen.

Pferd / Esel mit Wagen, Traktor, Kamele und alles andere ;-)

Ja, auch Kamele und Dromedare sind auf dem Jakobsweg schon gesichtet worden, Pferd oder Esel die einen Wagen ziehen, kommen auch schon mal vor und sogar der eine oder andere Pilger hat sich mit seinem Oldtimer-Traktor auf den Weg gemacht. Hier auf dem Camino gibt's nichts, was es nicht gibt ;-) Wer sich überlegt, eine solche spezielle Fortbewegungsmethode zu wählen, macht es sich nicht einfach, kann sich aber sicher sein, Aufmerksamkeit zu erregen!

Nach dem Weg

Die schwierigste Etappe des Pilgerweges ist die Rückreise und das Ankommen zu Hause. Hier ein paar Tipps, diese zu erleichtern:

Die meisten Pilger können es sich nicht erlauben, von der eigenen Haustür nach Santiago aufzubrechen und auch wieder zurück zu laufen. Ein guter Kompromiss kann sein, die Rückreise so zu planen, dass man die letzten Kilometer nach Hause läuft, vielleicht sogar ein bis drei Tage lang. Das erlaubt Körper und Seele Zeit, sich wieder ans moderne

Leben anzupassen und vermindert den Schock des Ankommens.

Ein guter Tipp, besonders wenn man weiß, dass man den Pilgervirus hat und schon die nächste Pilgerreise plant, ist beim Auspacken des Rucksacks alles zu notieren, was sich in ihm befindet und sich Notizen zu machen wie oft man es gebraucht, oder nicht gebraucht!, hat. Wenn man noch seine ursprüngliche Packliste hat, kann man so vergleichen, was wirklich nötig war (ist noch im Rucksack) und was überflüssig war (ist meistens nicht mehr im Rucksack). Dies bildet dann die Grundlage für die nächste Packliste für die nächste Pilgerreise! Und mit Hilfe solcher Packlisten habe ich ja schließlich auch dieses Buch geschrieben ;-)

Buen Camino! und eine Bitte

Das ist der traditionelle Gruß für Pilger auf dem Jakobsweg. 'Guten Weg!' wünschen nicht nur die Spanier den Pilgern, sondern auch die Pilger unter sich gegenseitig. Mit diesem Gruß verabschiede ich mich von Ihnen und wünsche Ihnen auch 'Ultreia y Suseia', 'Vorwärts und Höher' - dem tausend Jahre alten Gruß, den Pilger schon im Mittelalter sich zugerufen haben, als Latein noch die Lingua Franca auf dem Jakobsweg war.

Wenn dieses Buch nützlich für Sie war, würde ich mich freuen, wenn Sie eine Rezension für es auf der Amazon-Webseite schreiben würden. Wenn Sie Beschwerden und / oder Verbesserungsvorschläge haben, können Sie mich auch auf meiner Jakobsweg-Webseite erreichen http://www.caminosantiago.eu/. Auf dieser können Sie auch meinen, kostenlosen, Email-Newsletter abonnieren, der Sie auf dem Laufenden hält über Neuigkeiten auf dem Jakobsweg und über neue Bücher, die ich geschrieben und veröffentlicht habe. Und natürlich finden sie dort auch Packlisten im PDF / DOC Format, zum Herunterladen und Selberausfüllen ;-)

http://caminosantiago.eu/jakobsweg-packlist

Anhang

Jakobsweg-anpassbare Packliste

Hier können Sie sich kostenlos Beispielpacklisten herunterladen, wahlweise im doc (Word) or pdf (Adobe Reader) Format und diese Ihren eigenen Bedürfnissen anpassen und ausdrucken:

http://caminosantiago.eu/jakobsweg-packliste

Adressen deutschsprachiger Jakobsgesellschaften

Bei diesen können Sie ihren Pilgerausweis (Credencial) beantragen, an Vorbereitungstagen teilnehmen und andere Pilger treffen.

Deutschland

Deutsche St. Jakobus-Gesellschaft e.V. (Aachen)

Tempelhofer Str. 21

D-52068 Aachen

Tel. +49 (0) 241/4790-127

Fax 0241/4790-112

http://www.deutsche-jakobus-gesellschaft.de

Fränkische St. Jakobus-Gesellschaft Würzburg e. V.

Ottostraße 1 – Kilianeum

D-97070 Würzburg

Telefon +49 (0) 931 38663870

http://www.jakobus-gesellschaften.de

Österreich

Sankt Jakobs Bruderschaft (Sulz i.W.)

Stangaustraße 7

A-2392 Sulz im Wienerwald,

Telefon: +43 2238 8270-11

Fax: +43 2238 8270-14

http://www.radolf.at/

Schweiz

Geschäftsstelle Jakobsweg.ch (Thun)

Fliederweg 11, Postfach

CH - 3601 Thun

Tel: +41 (0) 33 655 04 00 (Montag - Freitag 8.30 - 11.30 Uhr)

Fax +41 (0) 33 655 04 01

http://www.jakobsweg.ch

Adressen Spanischer Botschaften

Die meisten Pilger werden diese nicht benötigen. Wer aber zum Beispiel mit einem Assistenzhund pilgern will / muss, sollte sich bei der Botschaft vorher erkundigen, welcher Papierkram erledigt werden muss, so dass der Hund auch in Spanien als Assistenzhund anerkannt ist.

Deutschland

Lichtensteinallee, 1

10787 Berlín

Telefon: 254 00 70

Fax: (49 30) 257 99 557

Öffnungszeiten: Montag bis Donnerstag 09.00 - 17.00 und Freitag 09.00 - 14.00 Uhr

Webseite: http://www.spanischebotschaft.de

Spanien unterhält auch mehrere Konsulate in Deutschland, die volle Liste, mit Öffnungszeiten und Adressen können Sie hier finden:

http://www.auswaertiges-amt.de/DE/Laenderinformationen/Spanien/VertretungenSpanien.html

Schweiz

Kalcheggweg, 24

Postfach 310

3000 Bern 15

Tel: + 41 (0) 31 350 52 52.

Fax: + 41 (0) 31 350 52 55.

Öffnungszeiten: Montag bis Freitag 08.00 – 15.30 Uhr

Webseite: http://www.maec.es/subwebs/Embajadas/Berna/al/home/Paginas/Home.aspx

Österreich

Argentinierstraße 34

1040 Wien

Tel: +43 (1) 505 57 88

Fax: +43 (1) 505 57 88 125

Öffnungszeiten: Montag bis Freitag 09.15 - 13.15 Uhr und, zusätzlich, Donnerstag 14.30 – 16.30 Uhr

Webseite: http://www.maec.es/subwebs/Embajadas/Viena/al/home/Paginas/Home%20Viena_al.aspx

Notfall-Nummern in Spanien

112 ist auch in Spanien die zentrale Notrufnummer. Spanisch ist natürlich die Sprache, die alle Telefonisten verstehen, aber einige sprechen auch deutsch, englisch oder französisch, neben anderen Sprachen. Also keine Angst haben, einen Notruf zu tätigen, weil man nicht spanisch kann!

Seit 2012 gibt es auch eine deutschsprachige 'Hotline' der Polizei in Spanien, diese ist aber nicht für dringende Notfälle gedacht, sondern mehr um Anzeigen, zum Beispiel wegen Diebstahls, zu erstatten. Die Nummer ist **902 102 112** ist von 09:00h bis 21:00h Uhr besetzt. Weitere Information, leider nur auf spanisch: http://www.policia.es/denunweb/den_tel_es.html

Adressen der Botschaften in Spanien

Die dem Jakobsweg am nächsten gelegenen Botschaften / Konsulate befinden sich leider alle in Madrid.

Für Deutschland

Calle Fortuny, 8

28010 Madrid

Tel: +34 91 557 90 95

Öffnungszeiten: Nur nach vorheriger Vereinbarung.

Notrufnummer der Botschaft: +34 91 557 90 00

Webseite: www.spanien.diplo.de

Für die Schweiz

Calle de Núñez de Balboa, 35 A - 7°

28001 Madrid

Tel.: +34 91 436 39 60

Fax: +34 91 436 39 80

Öffnungszeiten: Montag bis Freitag 09.00-13.00 Uhr

Webseite:
http://www.eda.admin.ch/eda/de/home/reps/eur/vesp/embmad.html

Für Österreich

Paseo de la Castellana 91, 9°

28046 Madrid

Tel.: +34 91 556 5315

Fax: +34 91 597 3579

Öffnungszeiten: Montag bis Freitag von 10 bis 13 Uhr

Webseite: http://www.bmeia.gv.at/botschaft/madrid.html

Adressen der spanischen Fremdenverkehrsämter

Diese können ihnen Auskünfte zu Verkehrsverbindungen in Spanien selber geben und verteilen auch kostenloses Informationsmaterial. Anstatt hier eine lange Liste der Adressen, es gibt viele!, anzugeben, hier die Zentrale Webseite, wo Sie, auf deutsch, das nächstgelegene spanische Fremdenverkehrsamt finden können.

Webseite: http://www.spain.info/de_DE/

Beispiel-Text für Pilger-Empfehlungsschreiben auf spanisch

Con esta carta de recomendación certifica la Parroquia {Name der Kirchengemeinde} en {Ort}, {Alemania (Deutschland) / Austria (Österreich) / Suissa (Switzerland)}, obispado de {Name der Diozese}, que {Name}, nacido el {Geburtsdatum} en {Geburtsort}, ha sido enviado por esta parroquia como peregrino / a {a pie = zu Fuss, en bicicleta = mit dem Fahrrad, en caballo = zu Pferde} desde {Startpunkt} a Santiago de Compostela.

{Datum}, {Ort}

{Name des Pfarrers}, Párroco

Und Stempel der Kirchengemeinde nicht vergessen!

Beispieltext Pilgersegen

Dieser Pilgersegen wird seit vielen hundert Jahren den Pilgern in Roncesvalles gespendet, die deutsche Übersetzung desselben lautet:

„Gütiger Gott, der du deinen Diener Abraham aus der Stadt Ur in Chaldäa errettet und ihn in seinem Wanderungen beschützt hast, der du der Begleiter des hebräischen Volkes durch die Wüste warst, wir bitten dich, dass du diese deine Diener beschützen mögest, die aus Liebe zu deinem Namen nach Santiago pilgern. Sei ihnen Gefährte auf der Reise, Führer an den Wegkreuzungen, Labsal in der Müdigkeit, Verteidigung in Gefahren, Herberge auf dem Weg, Schatten in der Hitze und Licht in der Dunkelheit, Trost in der Mutlosigkeit und Festigkeit in ihren Vorsätzen, damit sie durch deine Führung unverletzt am Ziel ihres Weges ankommen und damit sie bereichert an Gnade und Tugenden und mit immer währender Freude unversehrt in ihre Heimat zurückkehren. Durch Jesus Christus unseren Herrn. Amen

Möge der Herr in seiner Güte eure Schritte leiten und euer ständiger Begleiter auf dem Weg sein.

Amen.

Möge die Heilige Jungfrau Maria von Roncesvalles euch ihren mütterlichen Schutz gewähren, euch gegen alle Gefahren des Körpers und der Seele verteidigen und mögt ihr würdig sein unter dem Schutz ihres Mantels unverletzt am Ziel eurer Pilgerschaft an zu kommen.

Amen.

Möge der Heilige Erzengel Raffael euch auf den ganzen Weg begleiten wie er Tobias begleitet hat und von euch Unbehagen und Ärger fern halten.

Amen.

Und der Segen des Allmächtigen, + Vater, Sohn und Heiliger Geist sei mit euch allen.

Amen.

Geht im Namen Christi, der selber der Weg ist, und betet für uns in Compostela."

Vaterunser auf spanisch

Wer während der spanischen Messe wenigstens das Vaterunser mit beten möchte, bitte schö, hier ist der Text ;-)

Padre nuestro, que estás en el cielo,

santificado sea tu Nombre;

venga a nosotros tu reino;

hágase tu voluntad en la tierra como en el cielo.

Danos hoy nuestro pan de cada día;

perdona nuestras ofensas,

como también nosotros perdonamos

a los que nos ofenden;

no nos dejes caer en tentación

y líbranos del mal.

Amén.

Überflüssiges Gepäck nach Santiago de Compostela voraus schicken

Falls Sie schon ein Hotel oder eine Pension für Ihren Aufenthalt in Santiago gebucht haben, können Sie überflüssiges Gepäck an deren Adresse senden. Vergessen Sie nicht, Ihren eigenen Namen auf das Paket zu schreiben und warnen Sie das Hotel vor, dass Sie ein Paket erwarten. Hotels und Pensionen werden dann normalerweise dieses Paket bis zu Ihrer erwarteten Ankunft aufbewahren.

Eine andere Möglichkeit ist, sich an die netten Leute von 'PilgrimHelper' zu wenden, siehe diese Webseite (leider nur auf spanisch und englisch). http://pilgrimhelper.wordpress.com/luggage-storage/

Postamt Santiago

Das Hauptpostamt Santiagos befindet sich an der unten genannten Adresse, die Ihnen auch ein Beispiel gibt, wie Sie das Paket beschriften sollten. Bitte beachten Sie, dass das Hauptpostamt postlagernde Pakete nur noch 15 Tage lang aufbewahrt. Einige Pilger haben berichtet, dass diese Frist verlängert wird, wenn auf dem Paket, in großer Schrift,

„PEREGRINO“ (Pilger) steht, aber ich würde mich nicht unbedingt darauf verlassen.

Ein anderer Trick, den manche Pilger mit Erfolg angewendet haben, ist als Rücksendeadresse – dasselbe Postamt in Santiago anzugeben – mit dem selben Pilger-Namen natürlich. Ob das immer klappt?

Peregrino/a

Vorname NACHNAME

Lista de Correos

Travesa de Fonseca,

15705 Santiago de Compostela

Espana

Einige andere Postämter am Jakobsweg in Frankreich und Spanien

St. Jean-Pie-de-Port

1 rue de la poste

64220 Saint-Jean-Pied-de-Port

Tel : 0559379004

Öffnungszeiten: Montag bis Freitag: 09:00 – 12:00 und 14:00 – 17:00, Samstag: 09:00 bis 12:00, Sonntag geschlossen

Um andere Postämter in Frankreich zu finden, können Sie diese Seite zu Rate ziehen: http://www.laposte.fr

Pamplona

Paseo Sarasate 9 (Erdgeschoss)

31002 - Pamplona

Tel: 948-207217 und 902-197197

Fax: 948-222009

Öffnungszeiten: Montag bis Freitag: 08:30 – 20:30, Samstag: 09:30 bis 14:00, Sonntag geschlossen

Logroño

Perez Galdos 40

26001 Logroño

Tel: 941286802

Fax: 941209800

Öffnungszeiten: Montag bis Freitag: 08:30 – 20:30, Samstag: 09:30 bis 14:00, Sonntag geschlossen

Santo Domingo de la Calzada

Avenida Burgos, 10-12

26250 - Santo Domingo de la Calzada

Tel: 941341493

Fax:941341493

Öffnungszeiten: Montag bis Freitag: 08:30 – 14:30, Samstag: 09:30 bis 13:00, Sonntag geschlossen

Burgos

Plaza Conde de Castro 1

09002 Burgos

Tel: 947256597

Fax: 947265711

Öffnungszeiten: Montag bis Freitag: 08:30 – 20:30, Samstag: 09:30 bis 14:00, Sonntag geschlossen

Leon

Jardin de San Francisco 2

24004 Leon

Tel: 987876081

Fax: 987876078

Öffnungszeiten: Montag bis Freitag: 08:30 – 20:30, Samstag: 09:30 bis 14:00, Sonntag geschlossen

Astorga

Correos 3

24700 Astorga

Tel: 987615442

Fax: 987615442

Öffnungszeiten: Montag bis Freitag: 08:30 – 14:30, Samstag: 09:30 bis 13:00, Sonntag geschlossen

Ponferrada

General Vives, 1

24400 Ponferrada

Tel: 987403187

Fax: 987410928

Öffnungszeiten: Montag bis Freitag: 08:30 – 20:30, Samstag: 09:30 bis 13:00, Sonntag geschlossen

Um andere Postämter in Spanien zu finden, können Sie diese Seite zu Rate ziehen: http://www.correos.es/

Weitere nützliche Adressen in Santiago de Compostela

Oficina de Peregrinos (Pilgerbüro)

Das Pilgerbüro ist gleich um die Ecke von der Kathedrale und ist von jeder Richtung her ausgeschildert. Hier wird dem Pilger die Compostela ausgestellt und bei der Unterkunftssuche geholfen – oder wenigstens eine Liste von möglichen Unterkünften in die Hand gedrückt.

Rúa do Vilar, 3/1

15705 Santiago de Compostela (A Coruña)

Tel.: +34 981 568 846

Fax: +34 981 563 924

Sommer (Ostermontag bis Ende Oktober): Montag bis Sonntag 9- 21 Uhr

Winter (November bis Ostersonntag Montag bis Sonntag 10

– 20 Uhr

Mittagspause normalerweise von 14-16 Uhr, in der ruhigeren Jahreszeit und an Sonn- und Feiertagen.

Webseite: http://www.peregrinossantiago.es/

Online Outdoor-Versandgeschäfte

Manche Sachen einfacher und / oder billiger online bestellen, hier vier Online Geschäfte, die ich über die Jahre benutzt habe und mit denen ich gute Erfahrungen gemacht habe. Bitte bedenken, dass Schuhe und Rucksack wirklich vor dem Kauf persönlich anprobiert werden müssen!

http://www.amazon.de/

http://www.daerr.de/

http://www.globetrotter.de/

http://www.decathlon.de/

Pilgerwagen und Karren Webseiten

http://www.chariotderandonnee.com/index.php?lg=de

http://monowalker.com/

http://rucksacktrailer.wordpress.com/

Deutschsprachiges Pilgerforum:

http://pilgerforum.de/

Wer sich über Zehenschuhe informieren möchte, kann hier anfangen:

http://www.zehenschuhe.de/

Anti-Bettwanzen Information:

http://www.nobite.com/

http://bettwanze.org/

So, das war's nun wirklich! Ich hoffe, dass Ihnen auch die Informationen im Anhang genützt haben und möchte Sie noch einmal daran erinnern, bitte eine Rezension für dieses Buch auf Amazon zu hinterlassen. Und falls Sie trotzdem noch Fragen haben, können Sie mich auf dieser Webseite erreichen: http://www.caminosantiago.eu

Printed in Poland
by Amazon Fulfillment
Poland Sp. z o.o., Wrocław

65995715R00078